Grande lecture
Edition

Ce livre comprend plus de 250 designs de fleurs différentes afin de vous inspirer pour votre futur tatouage.

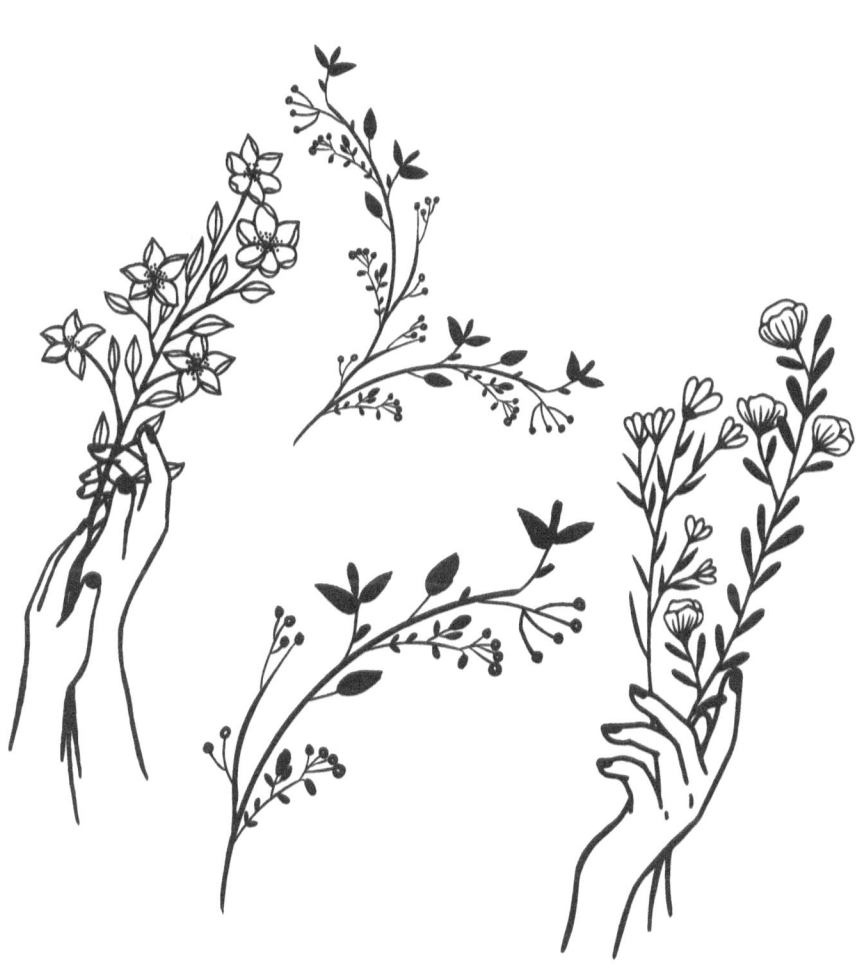

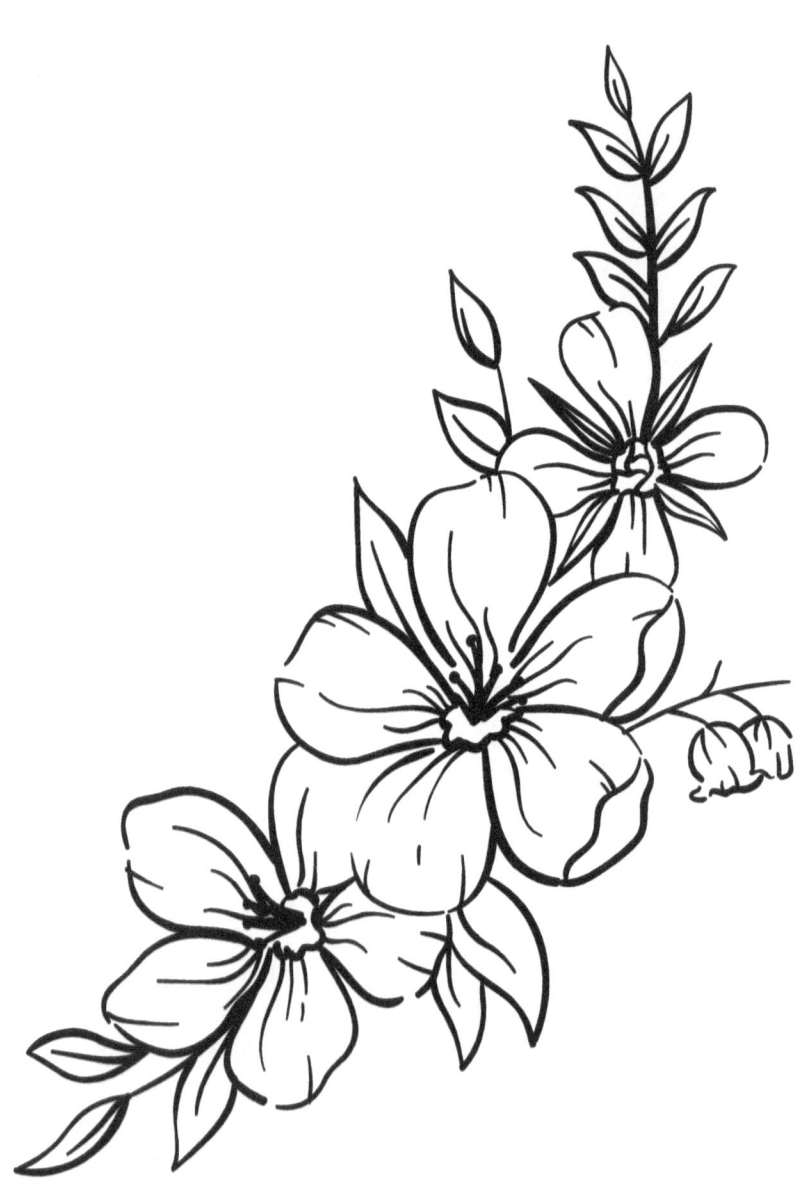

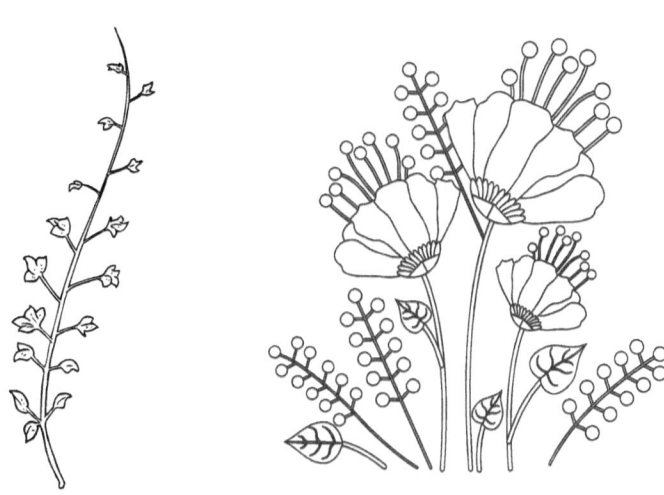

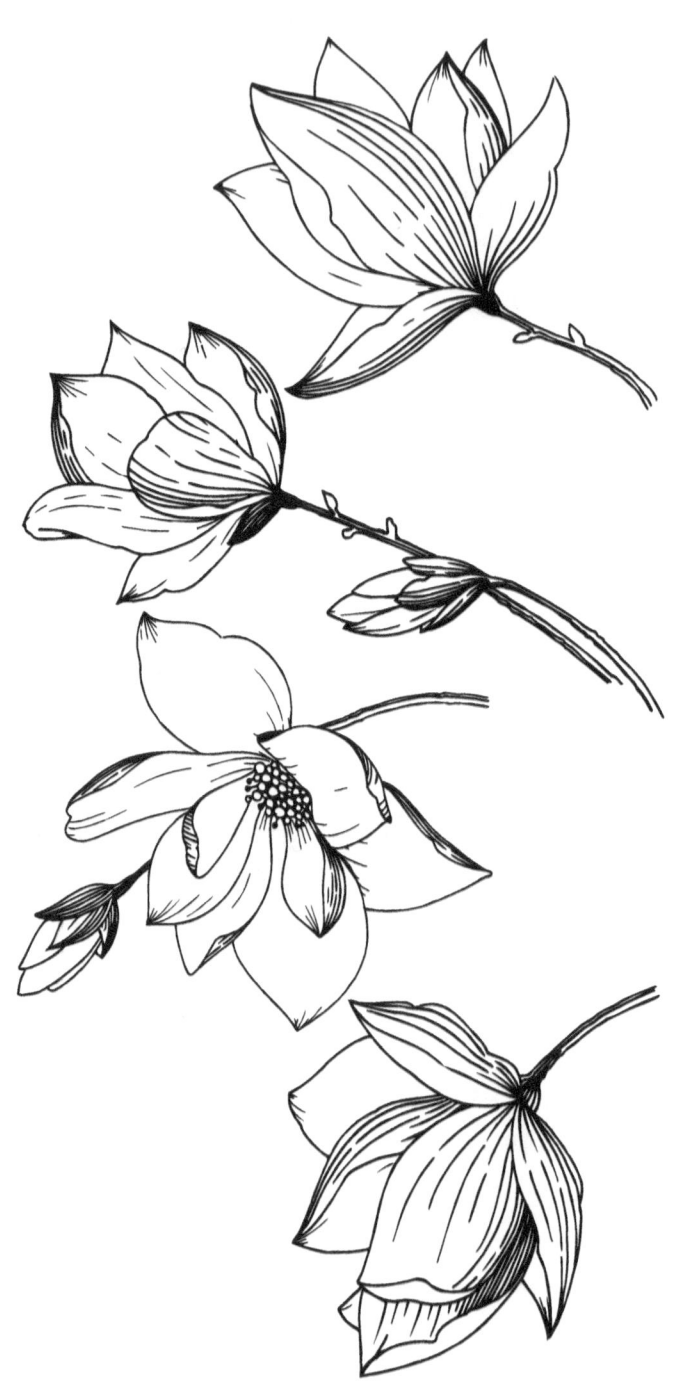

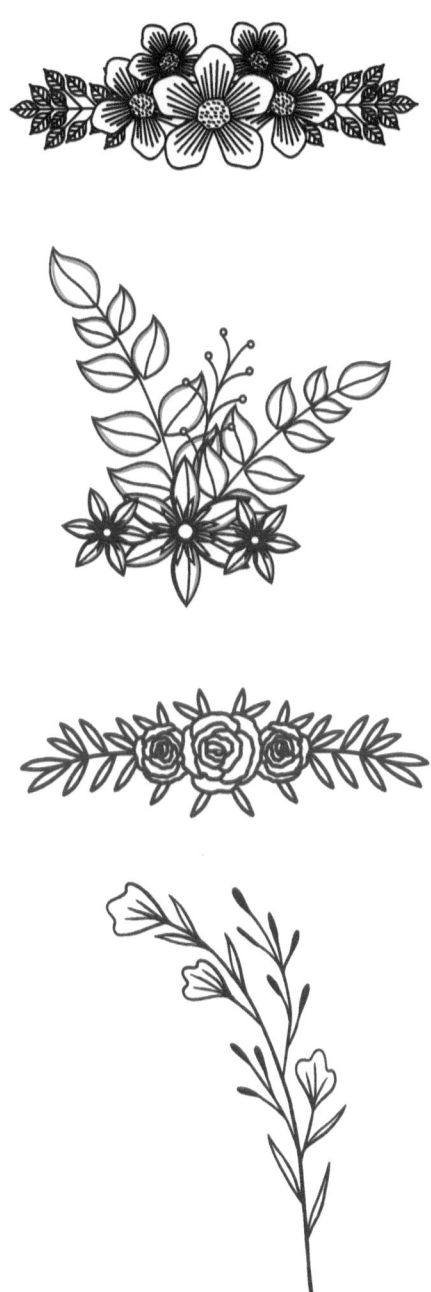

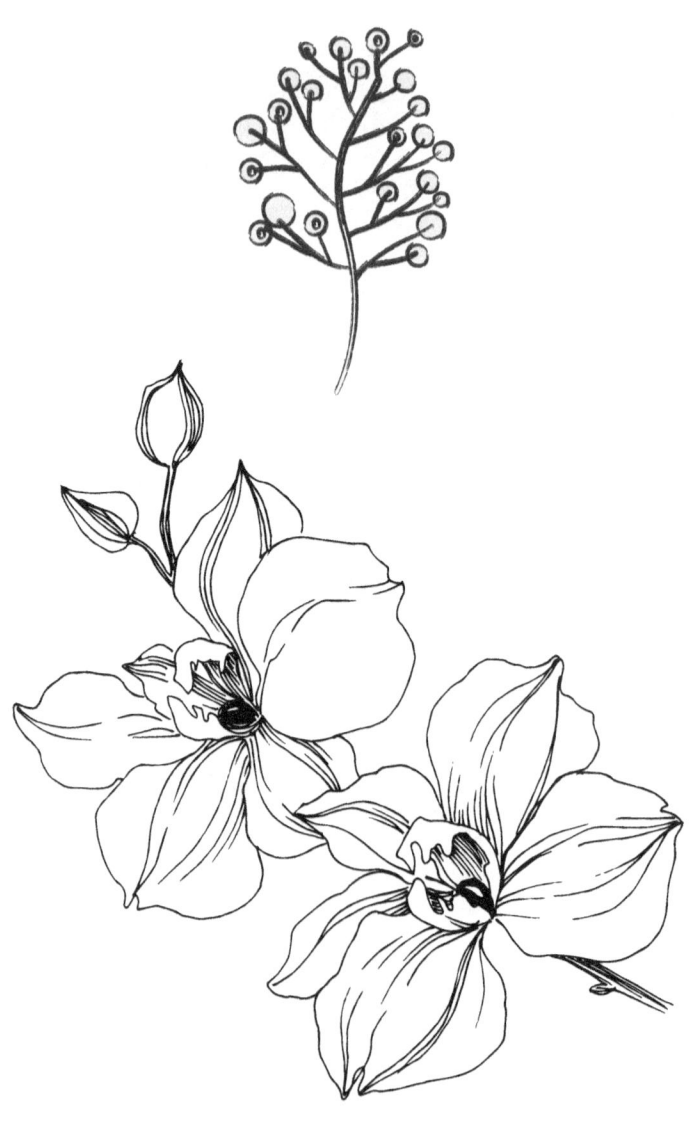

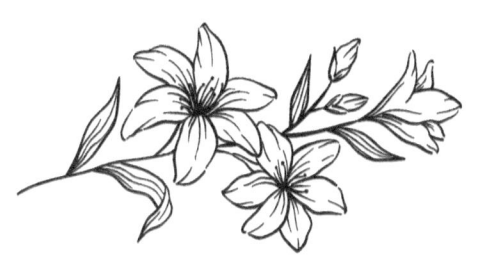
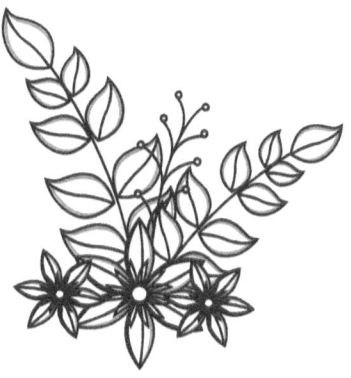

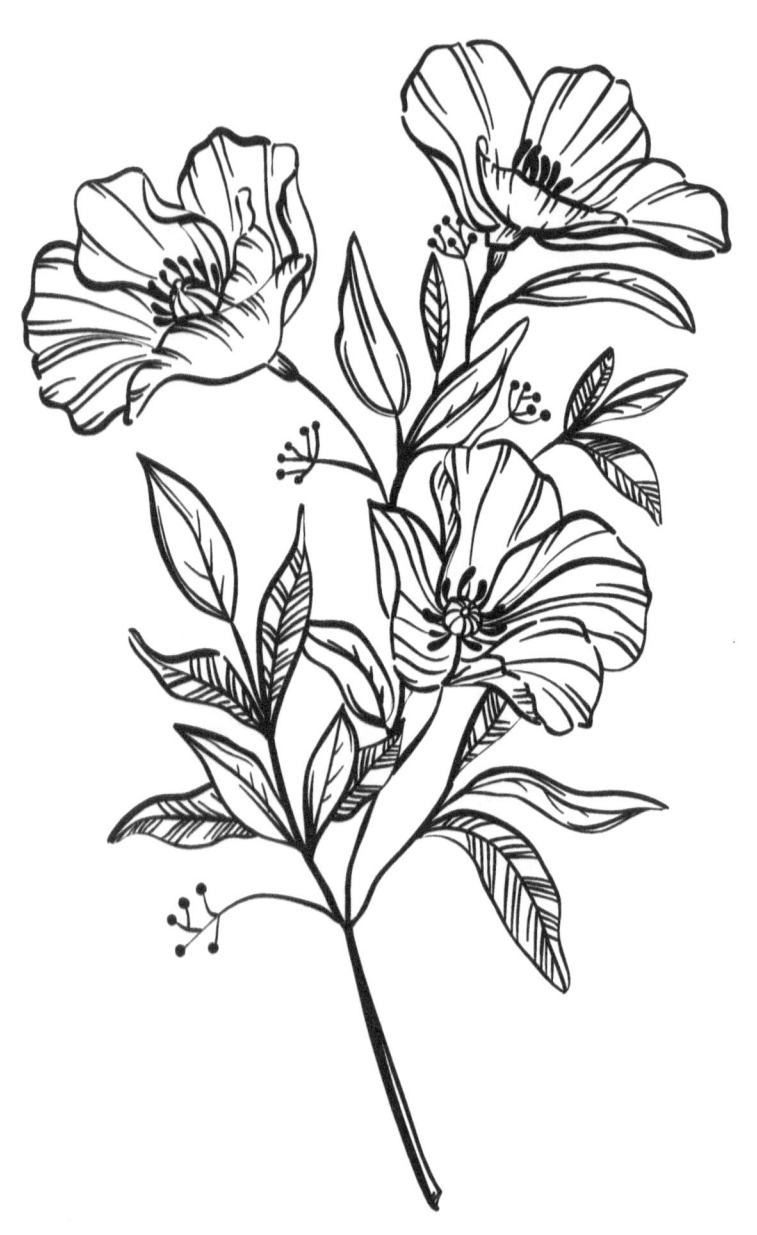

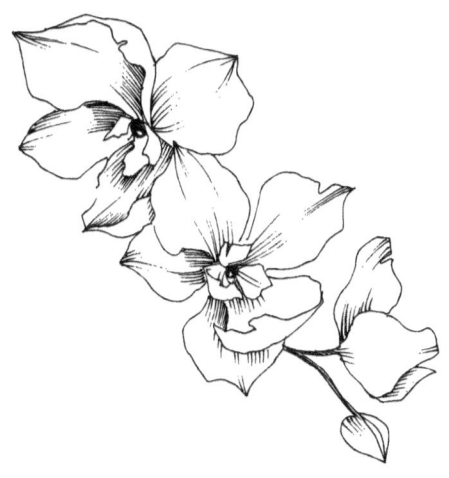

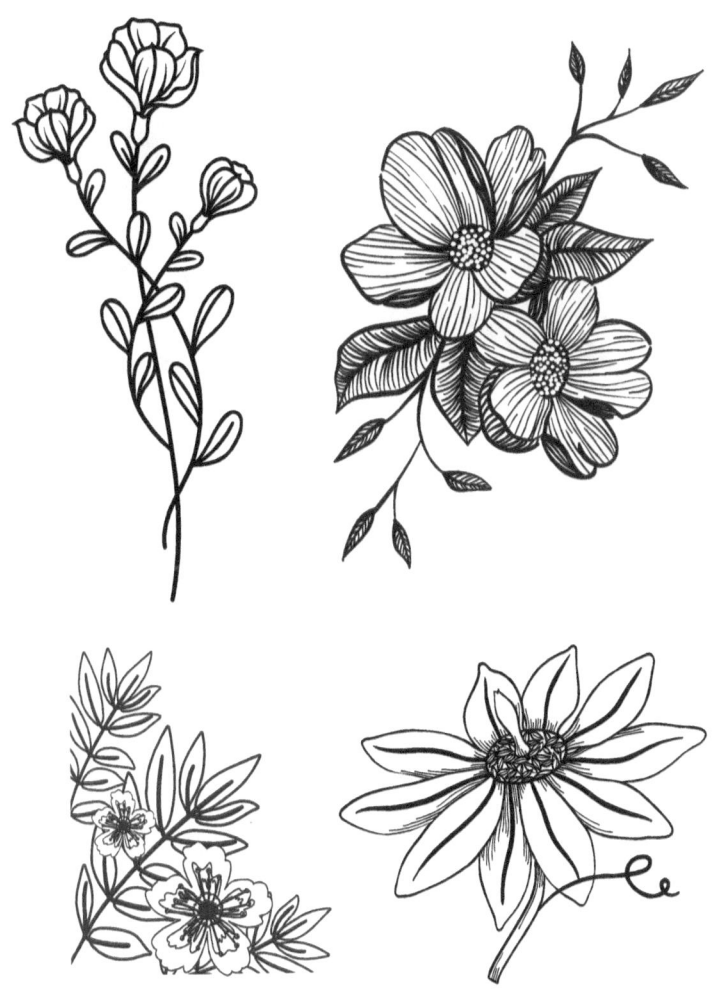

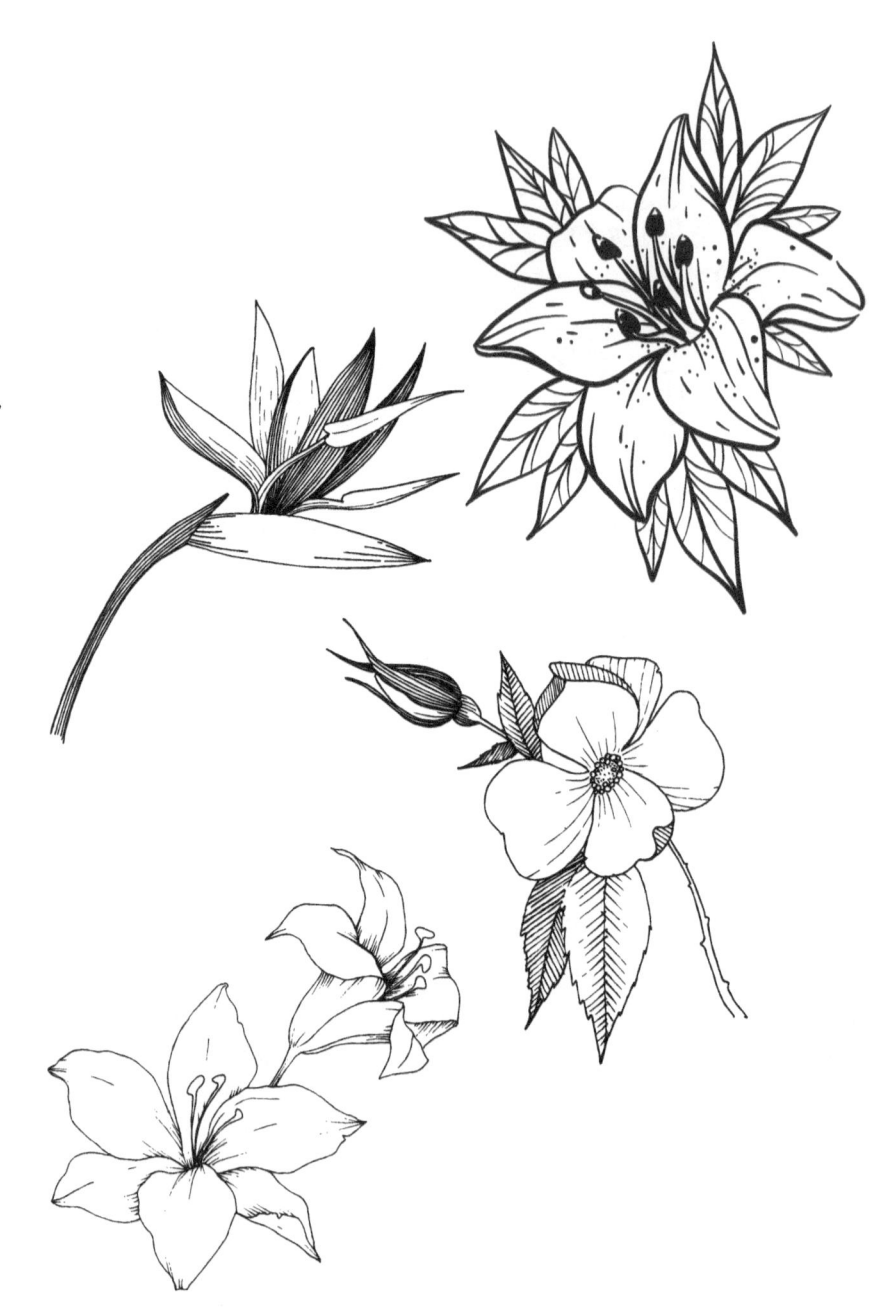

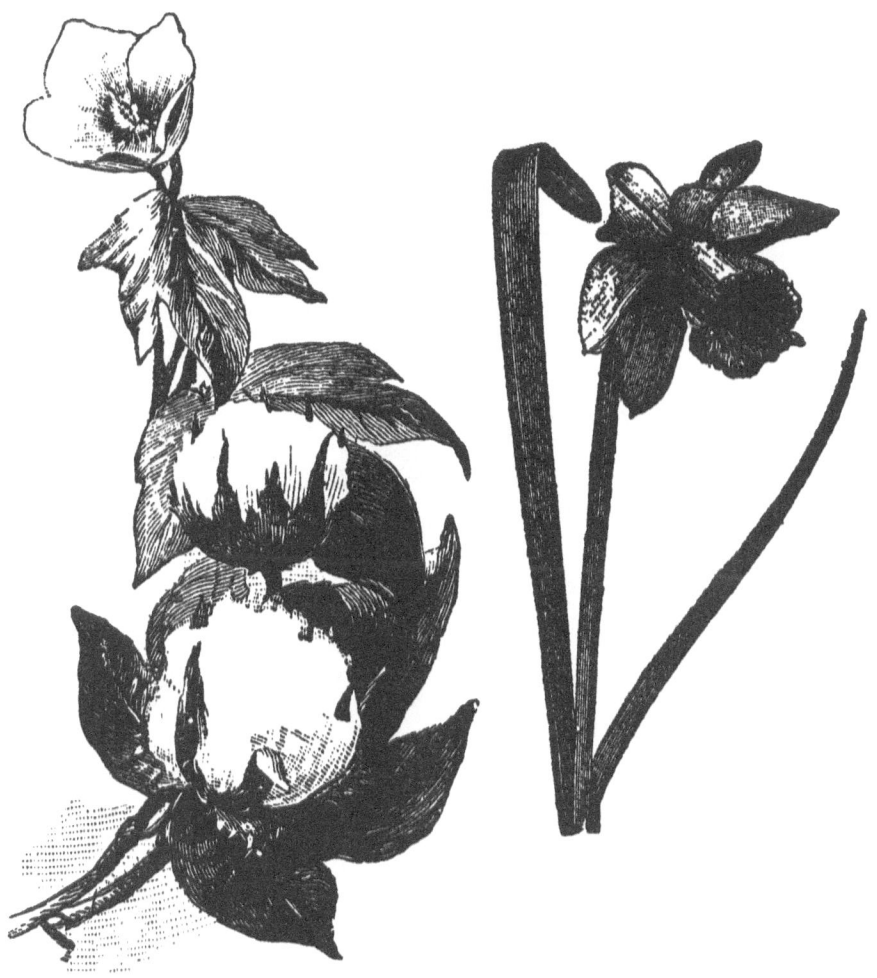

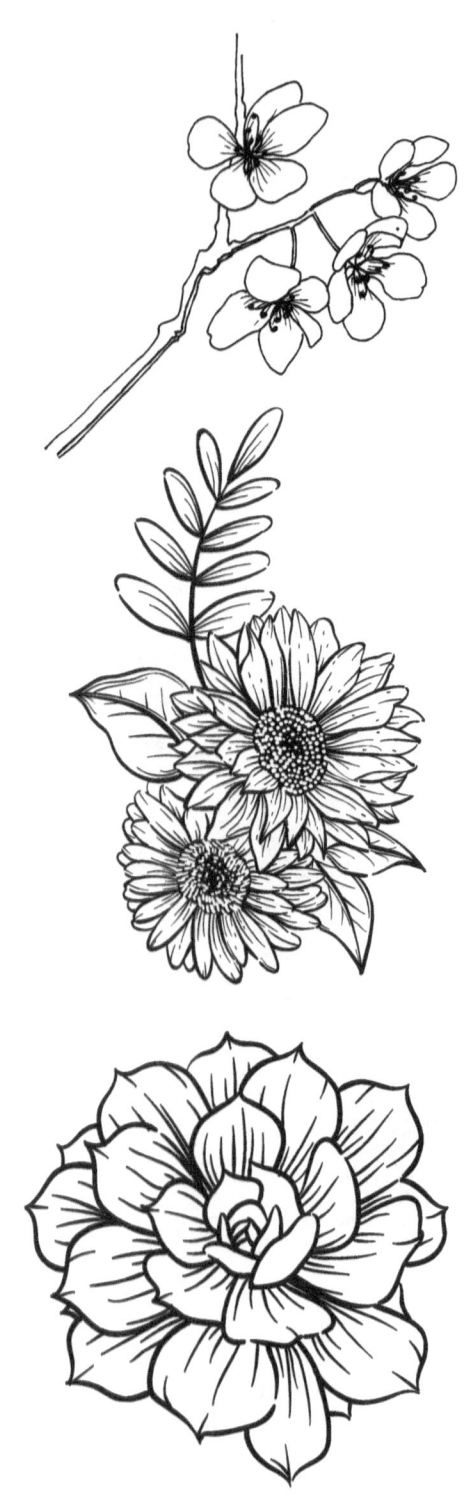

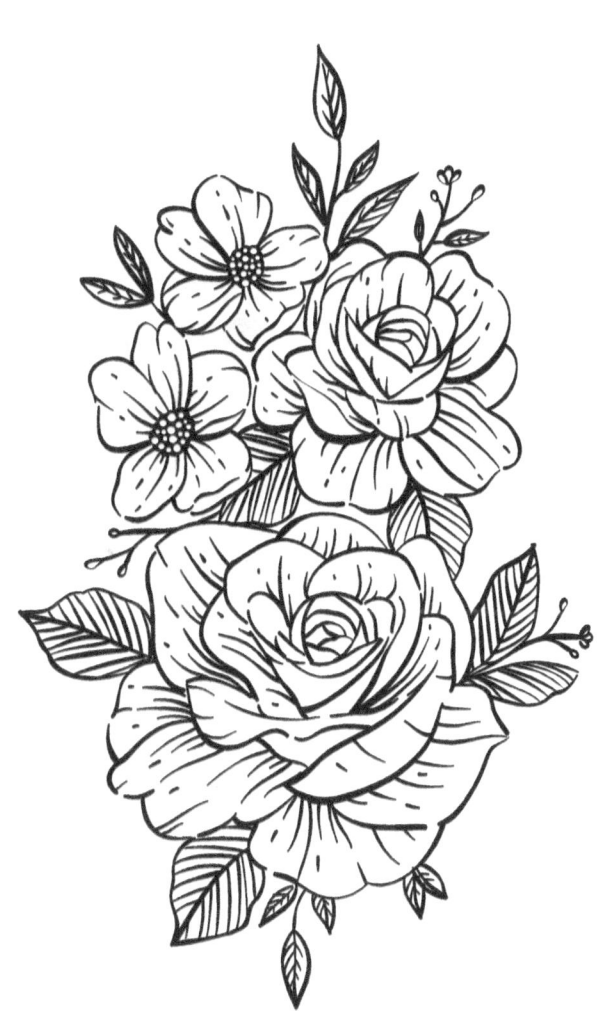

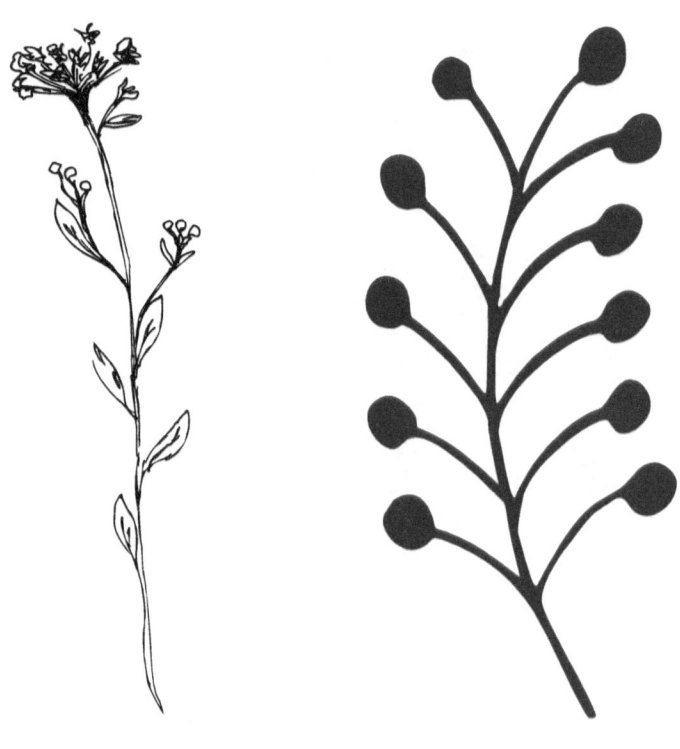

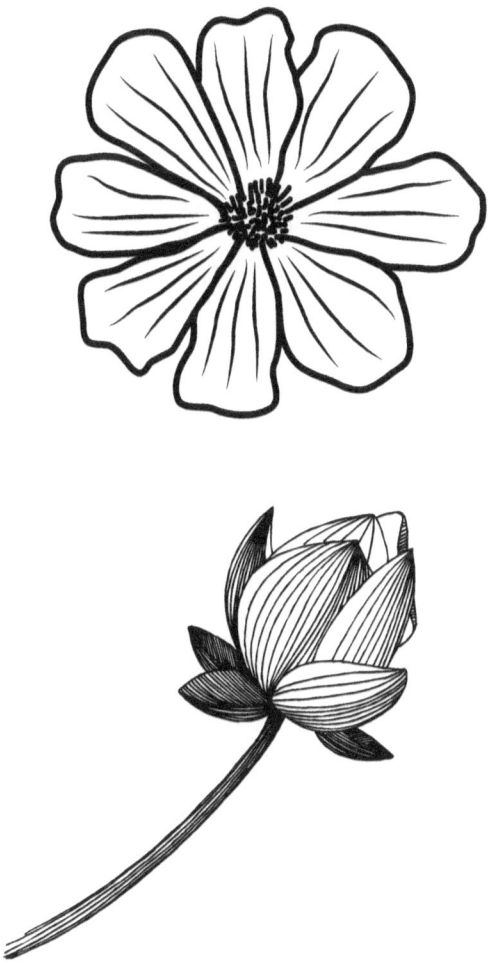

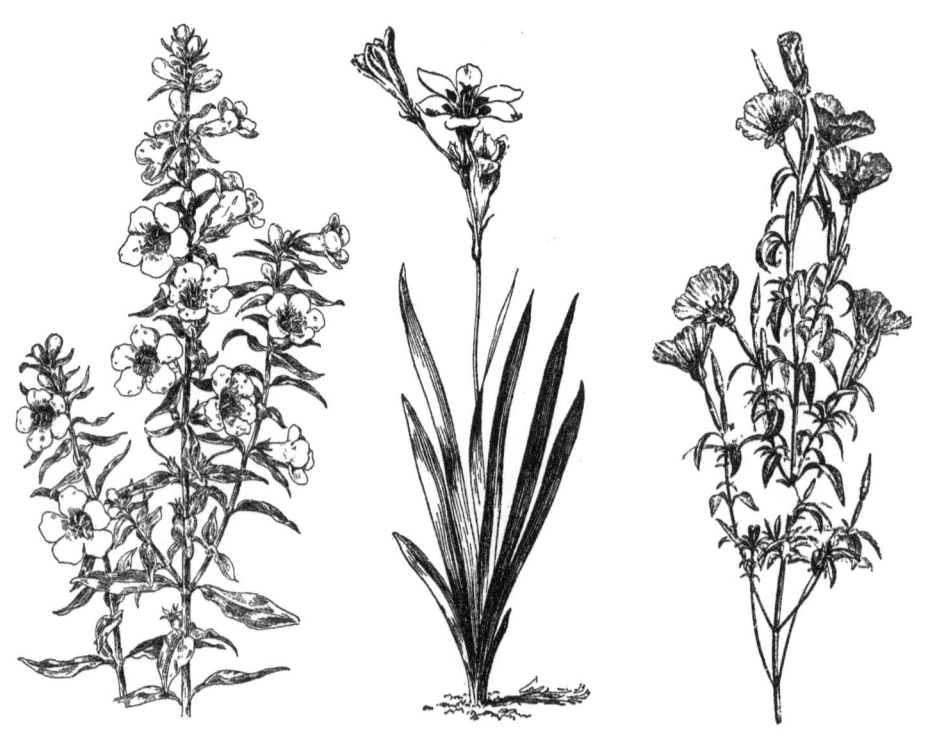

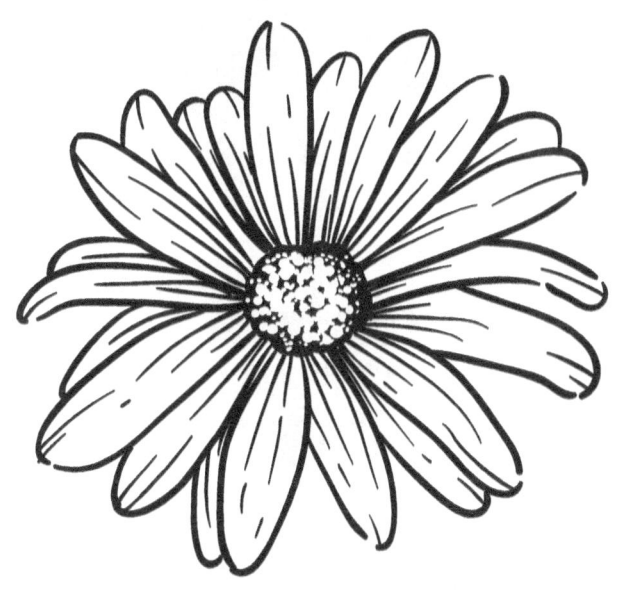

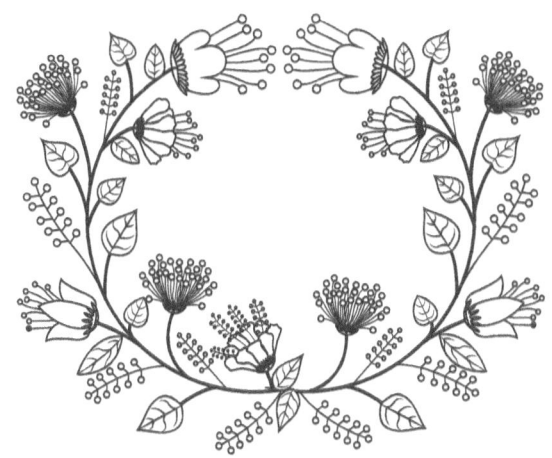

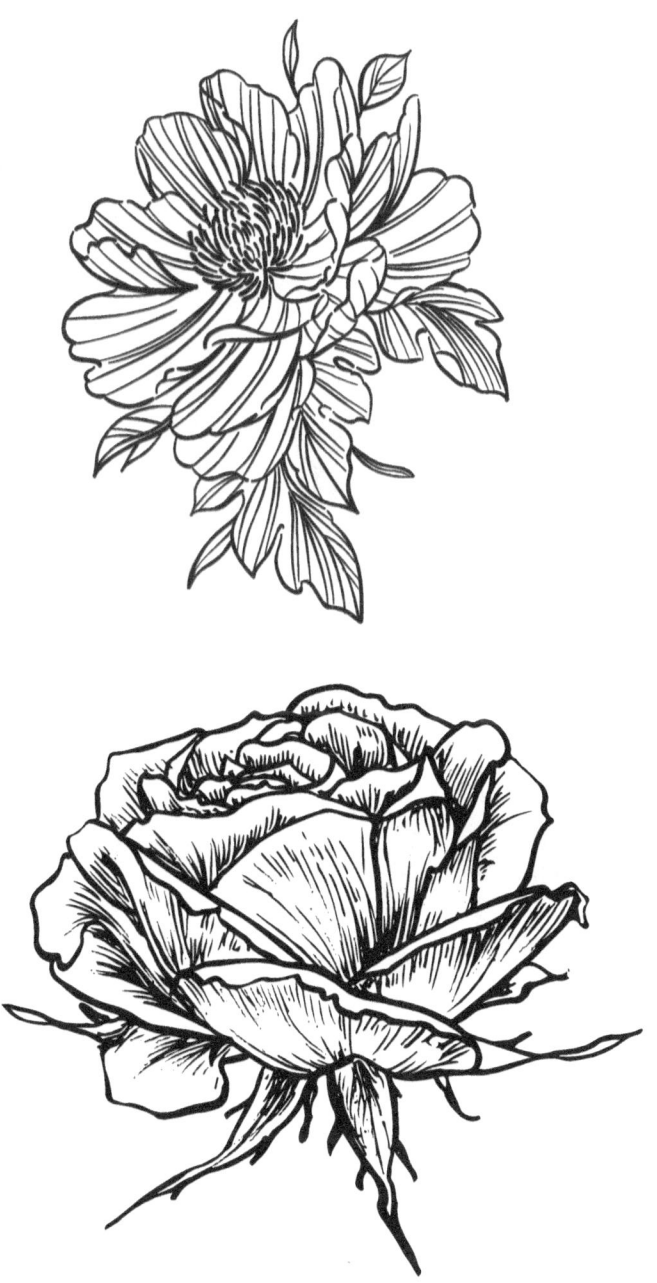

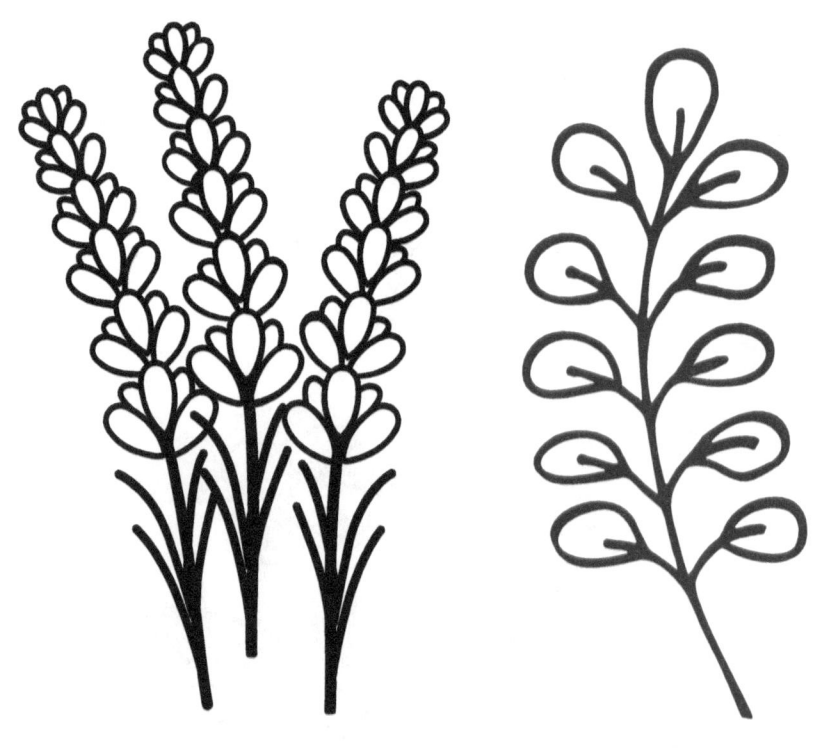

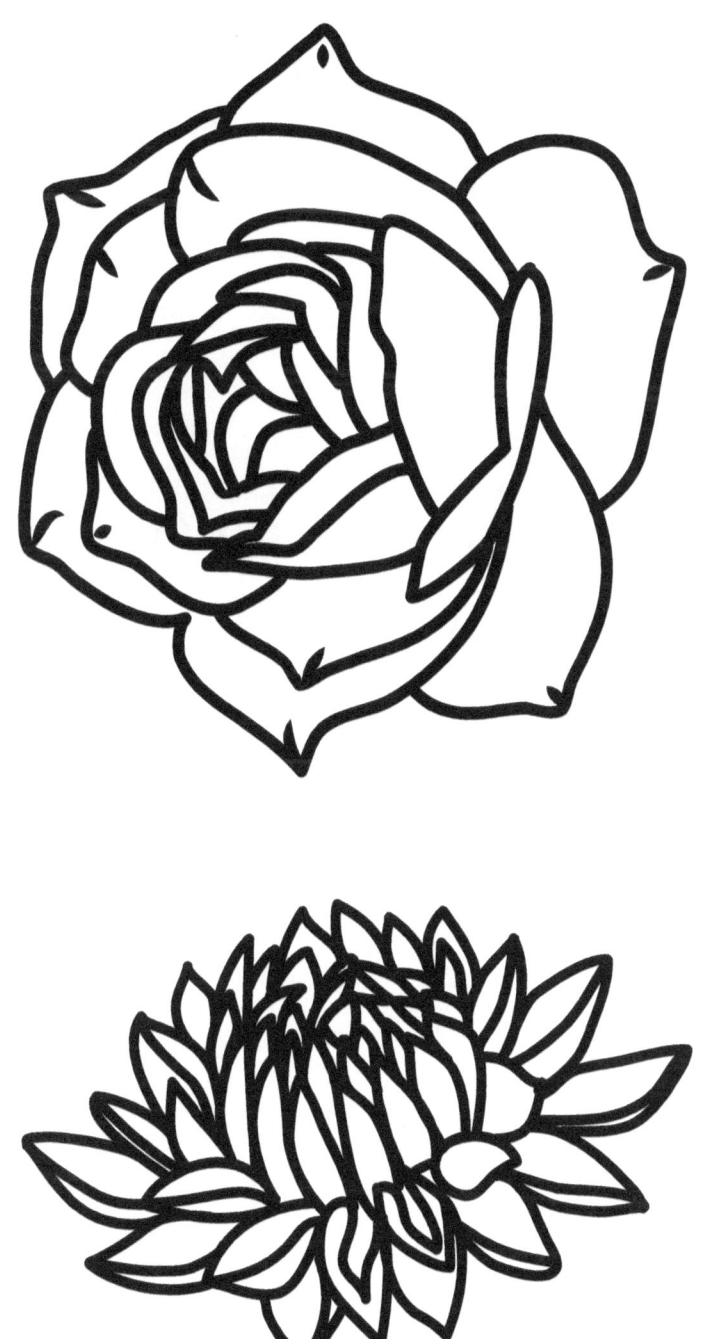

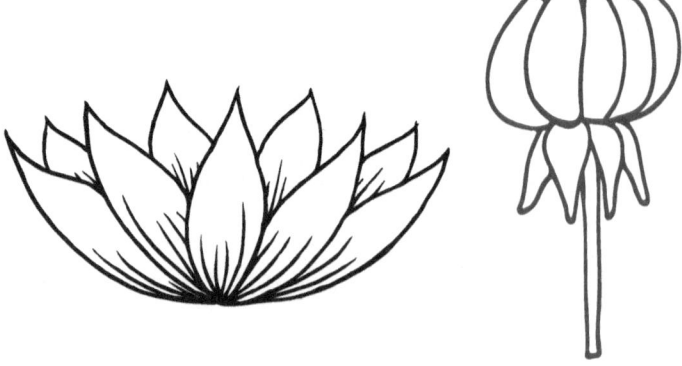

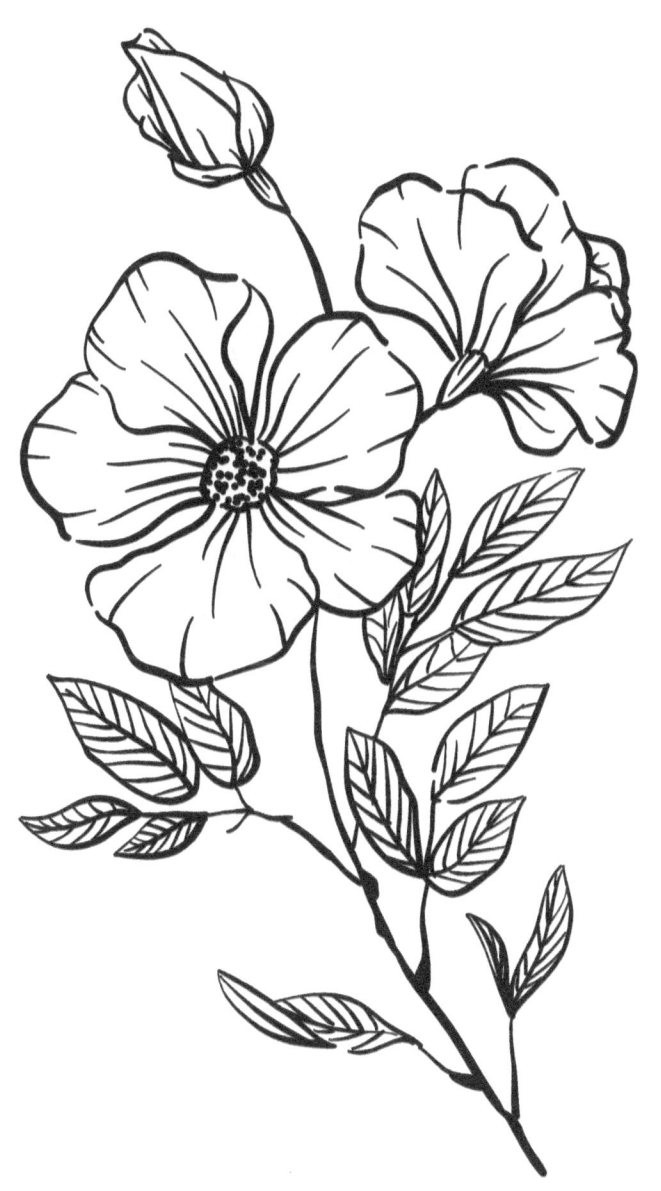

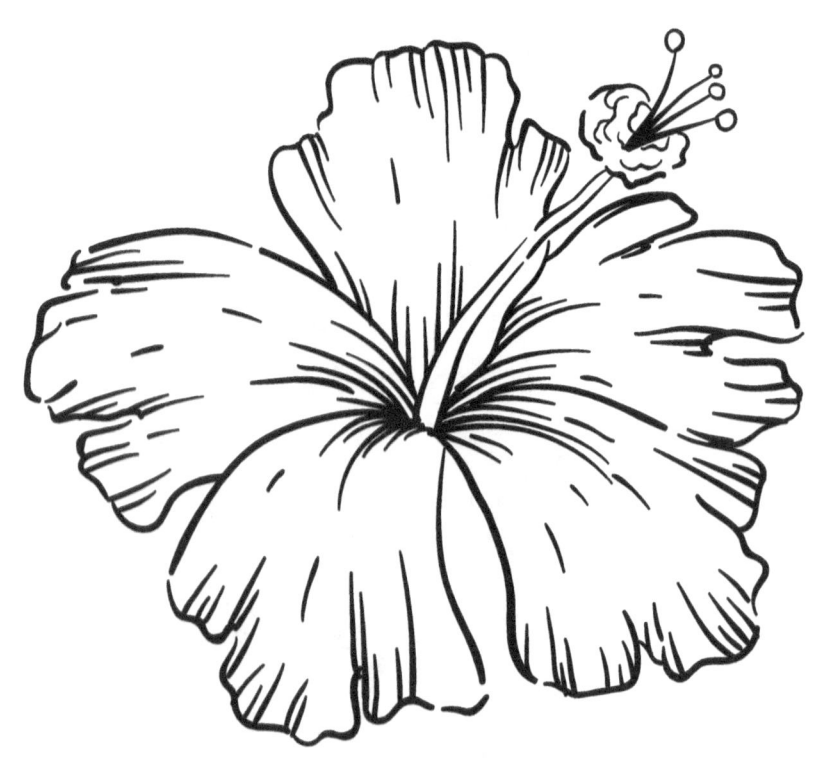

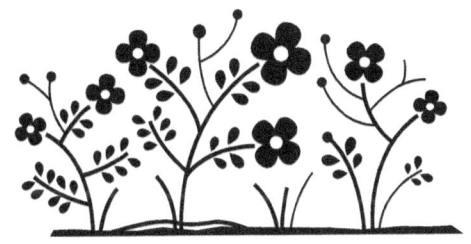

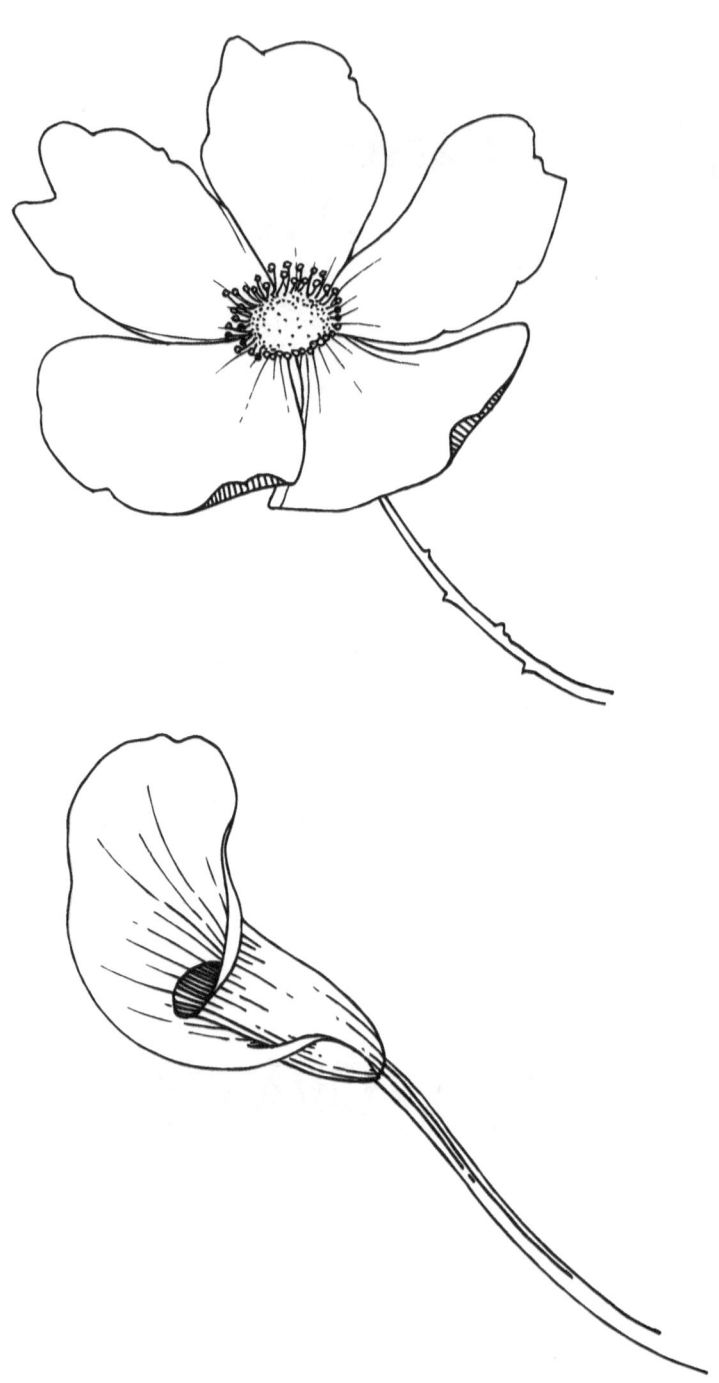

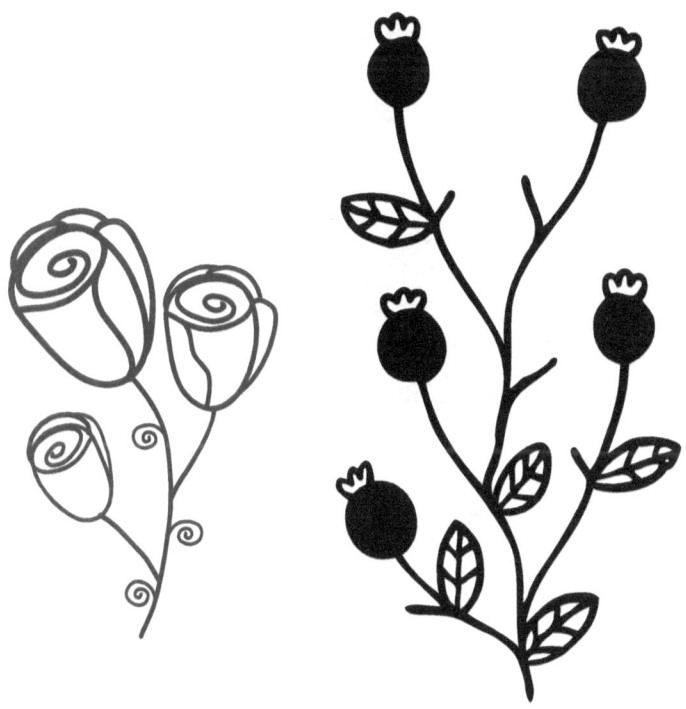

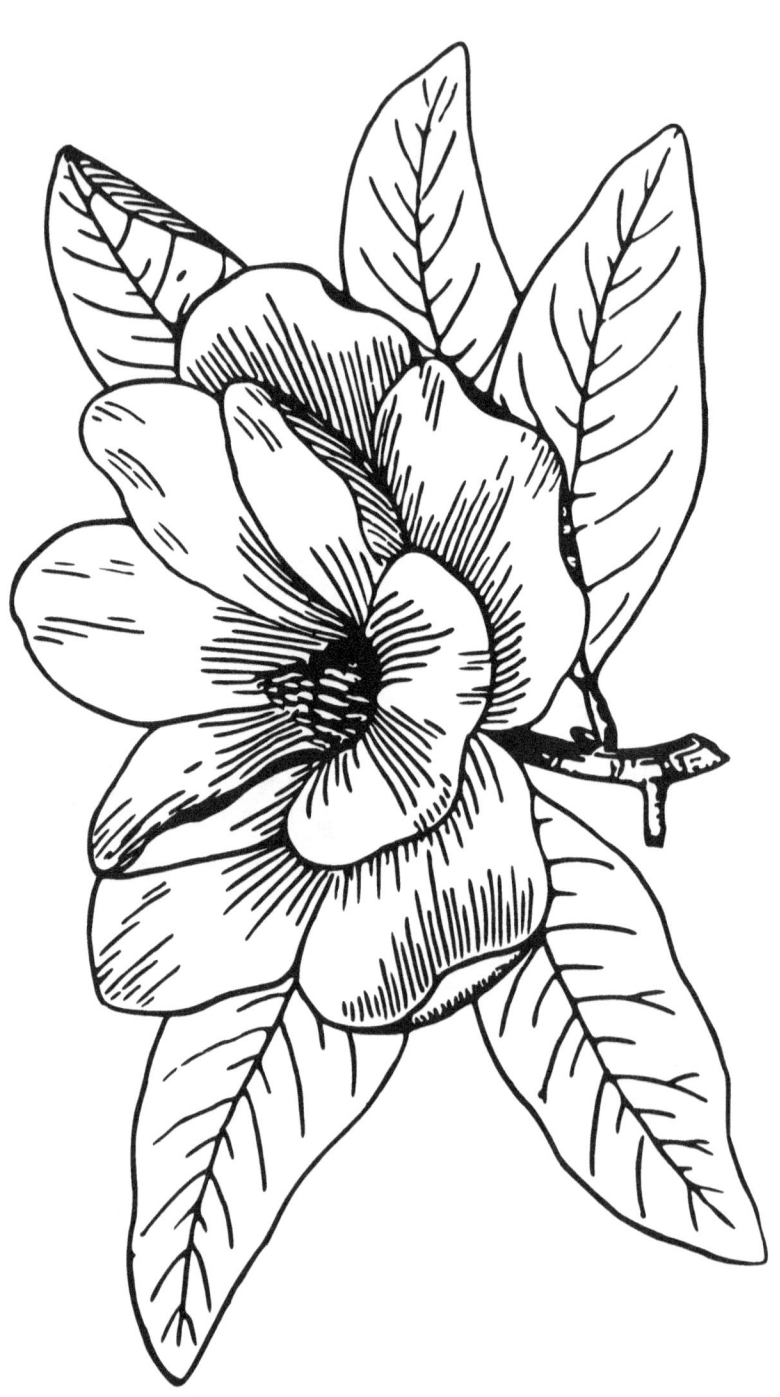

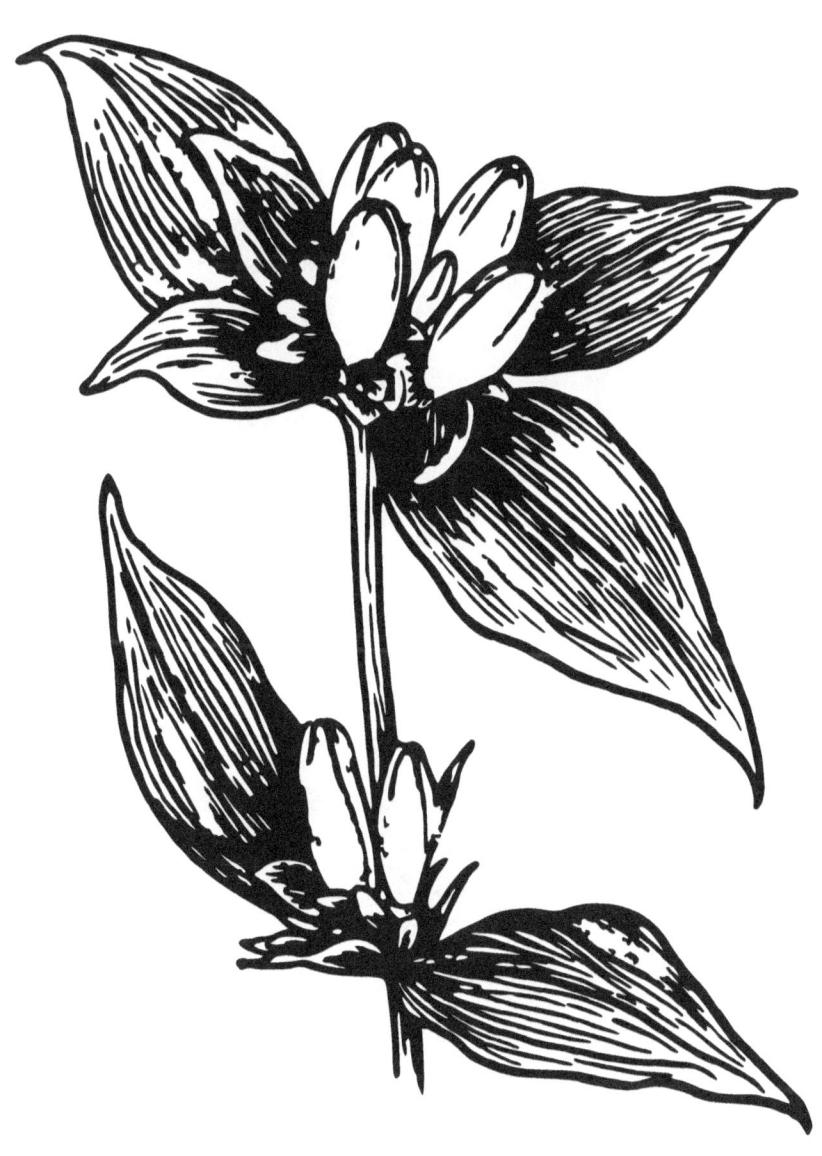

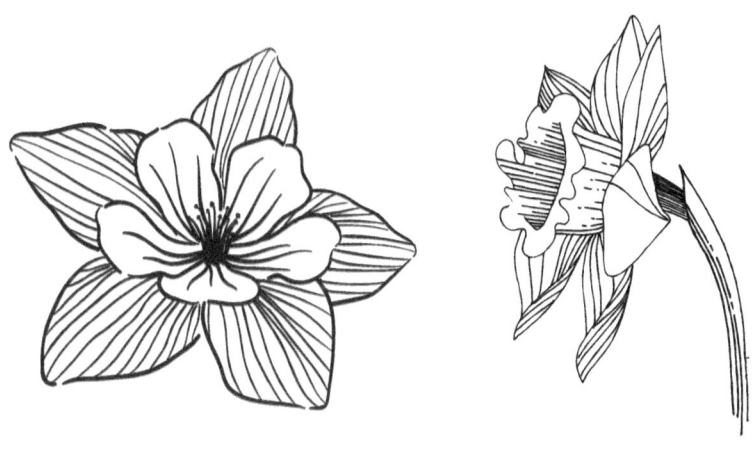

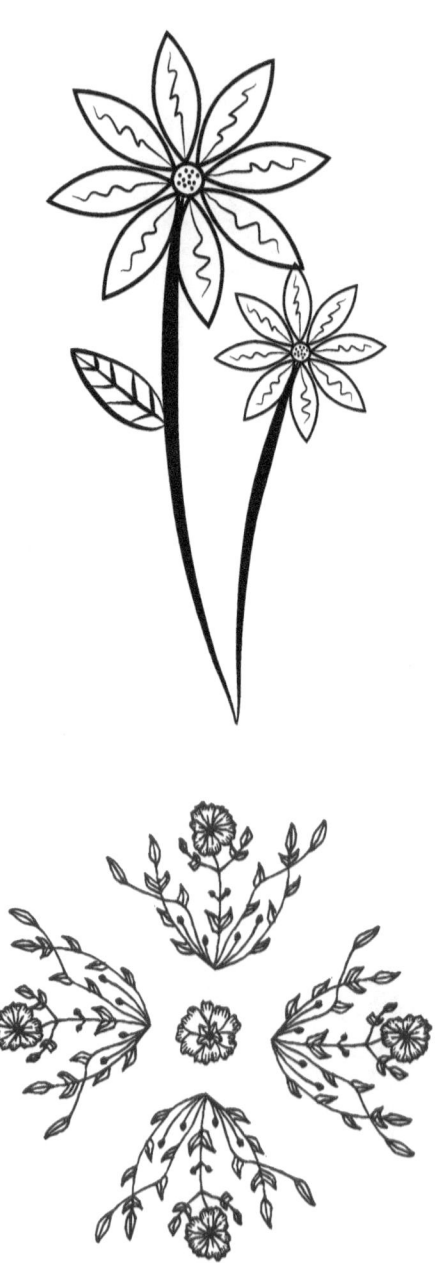

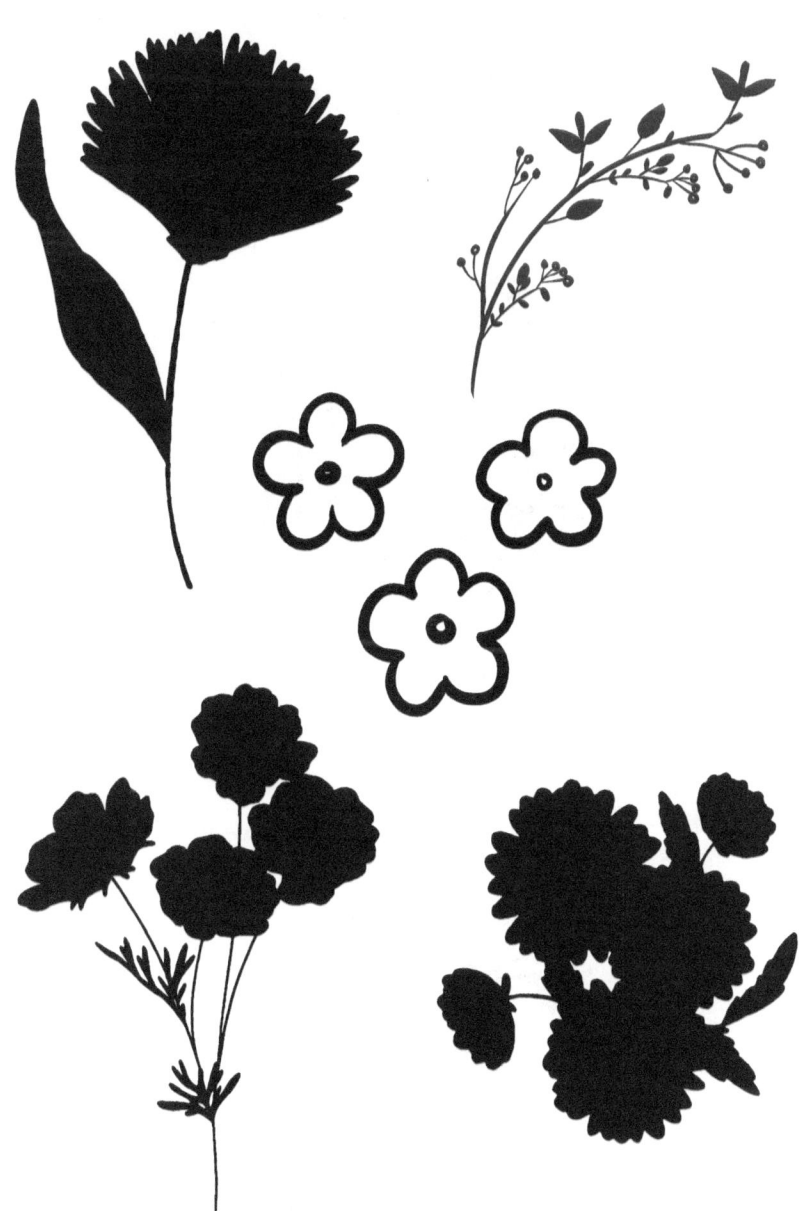

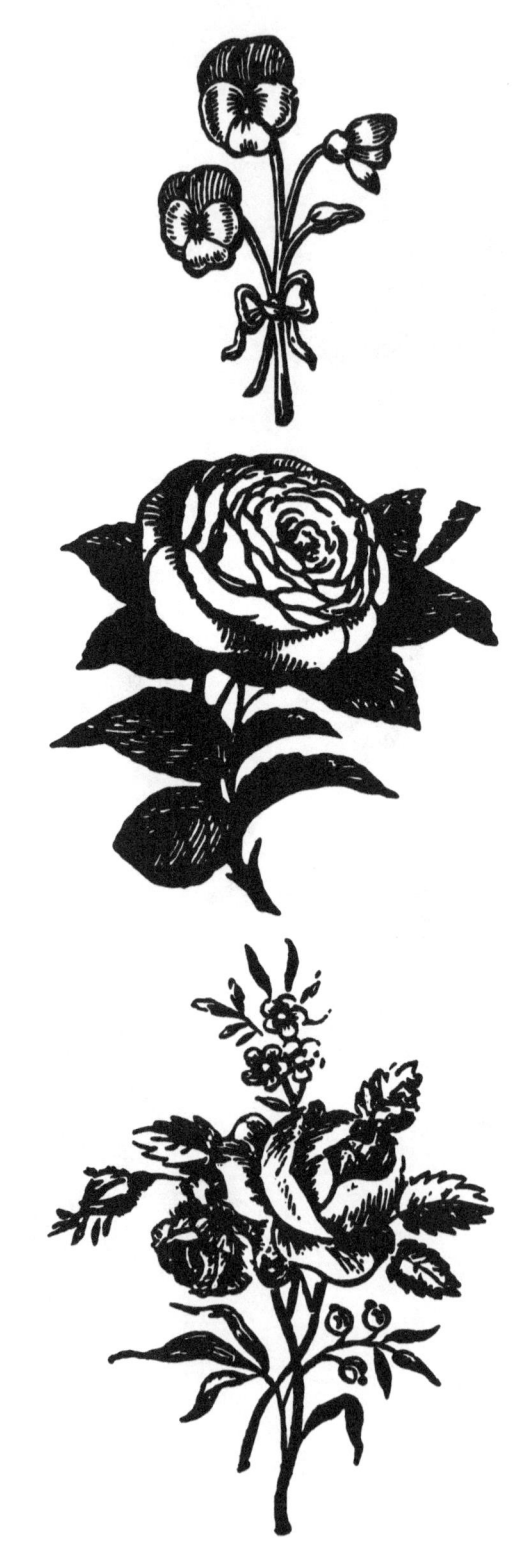

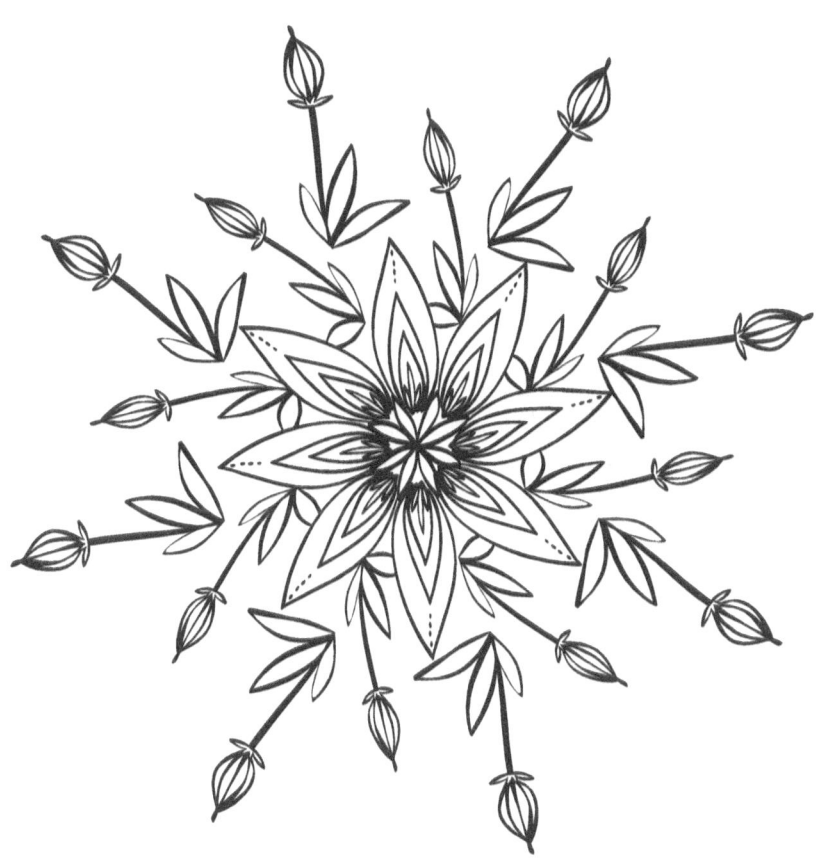

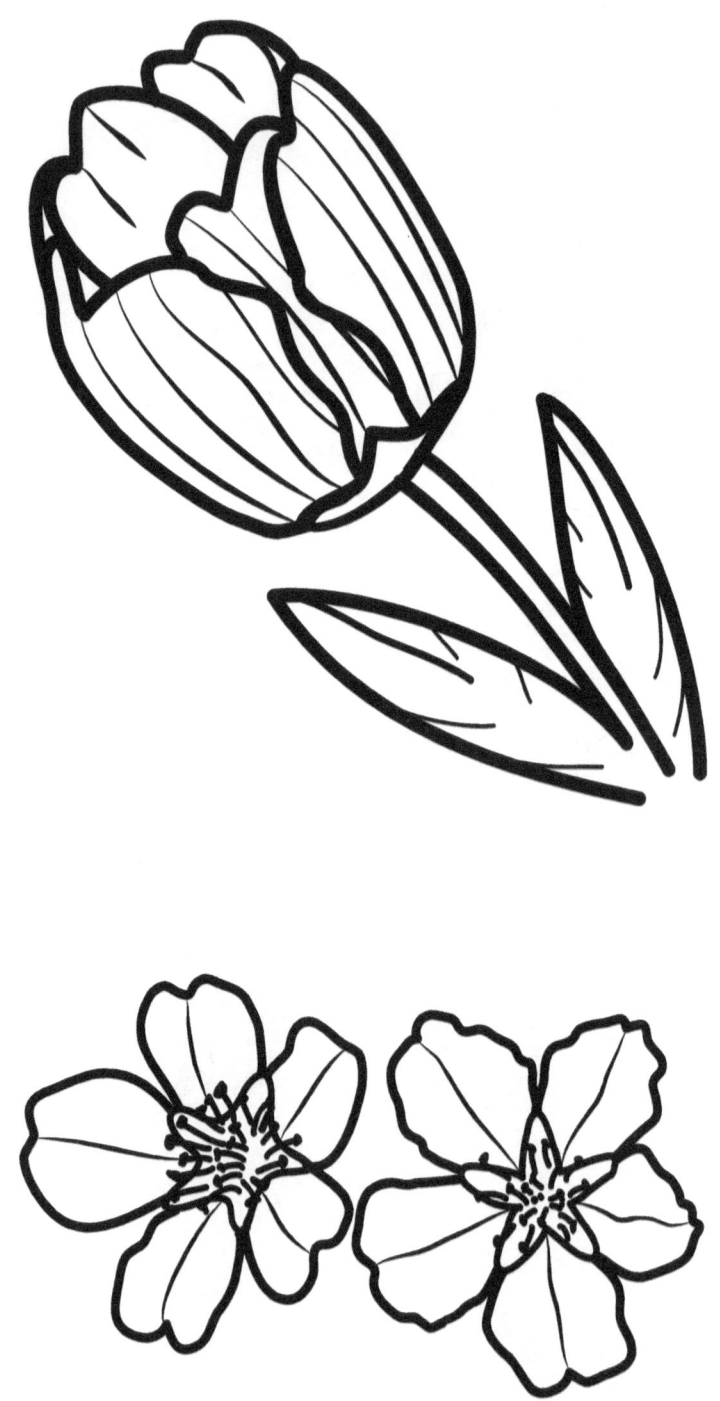

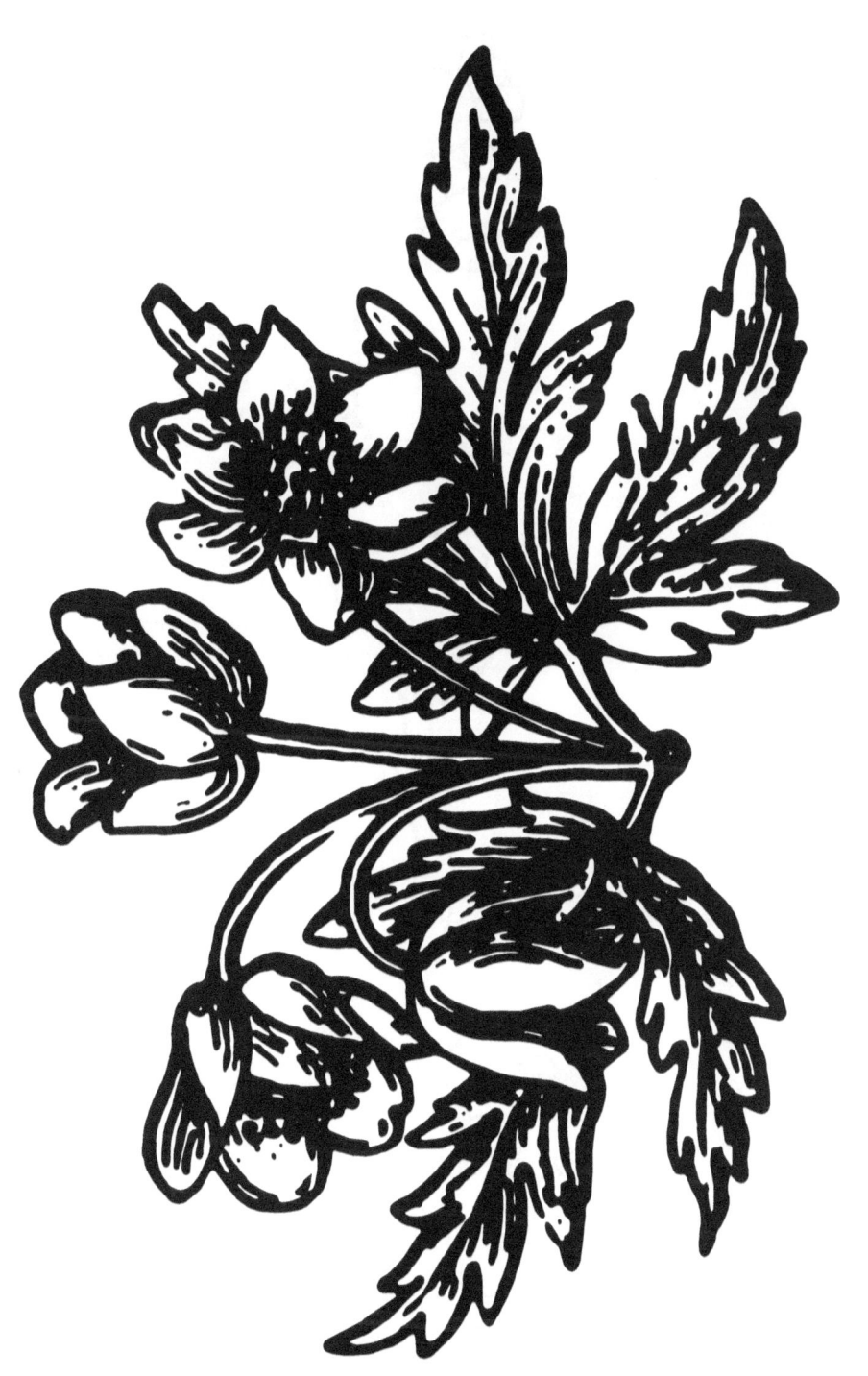

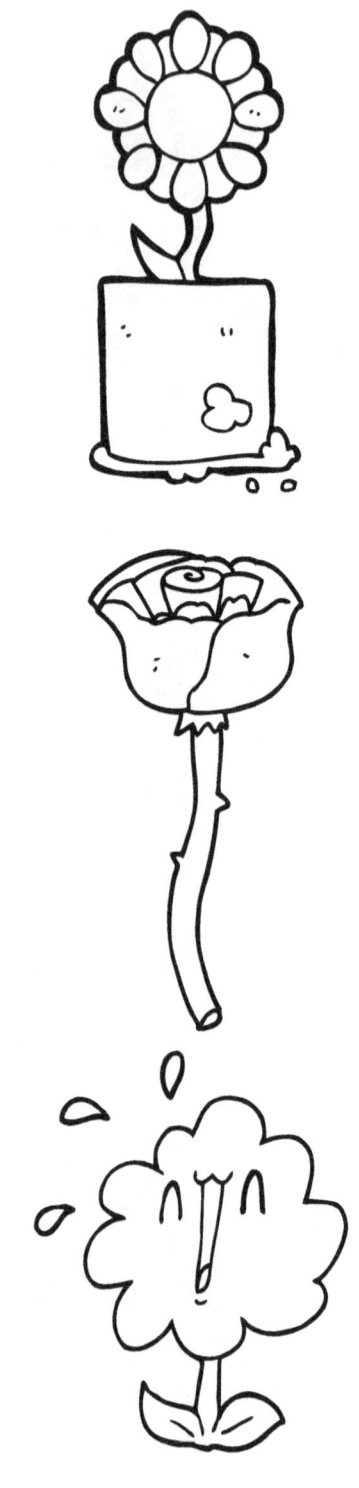

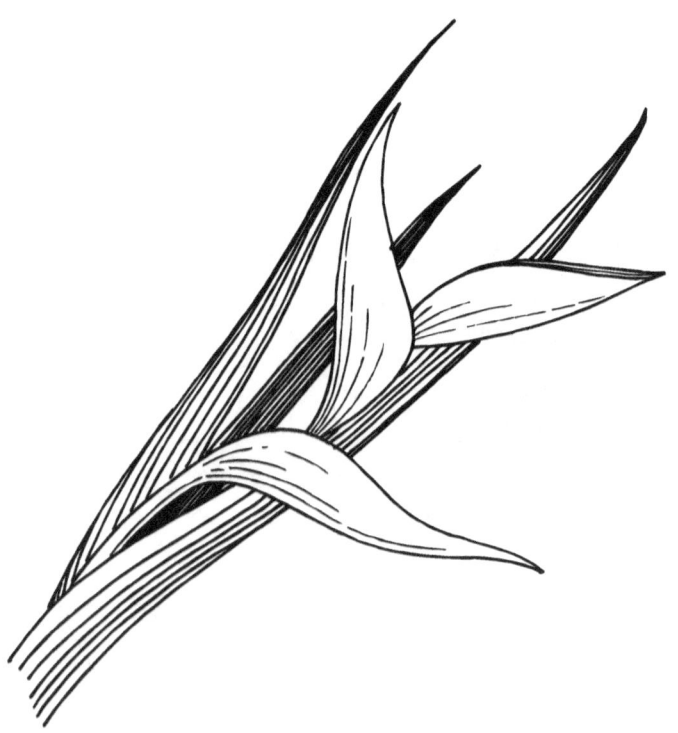

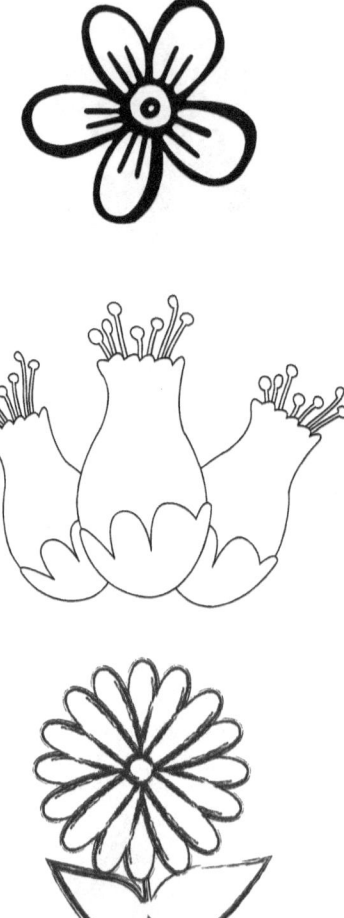

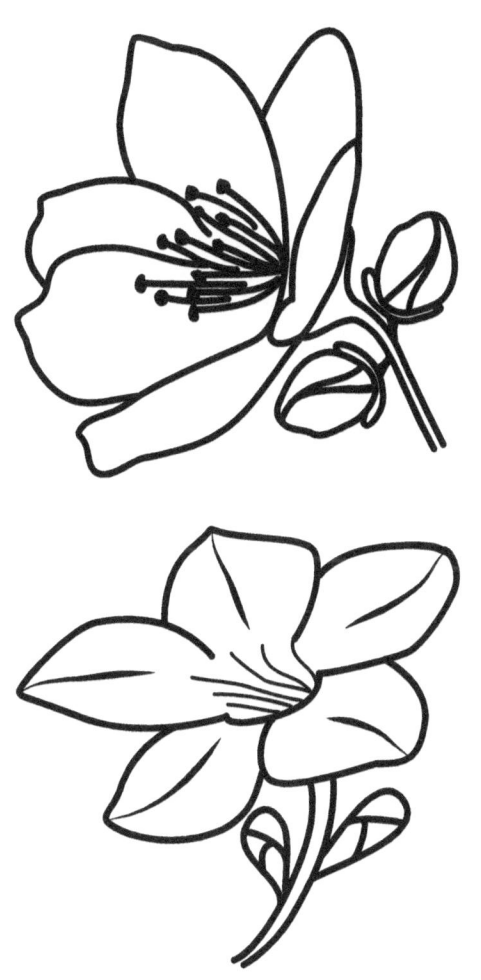

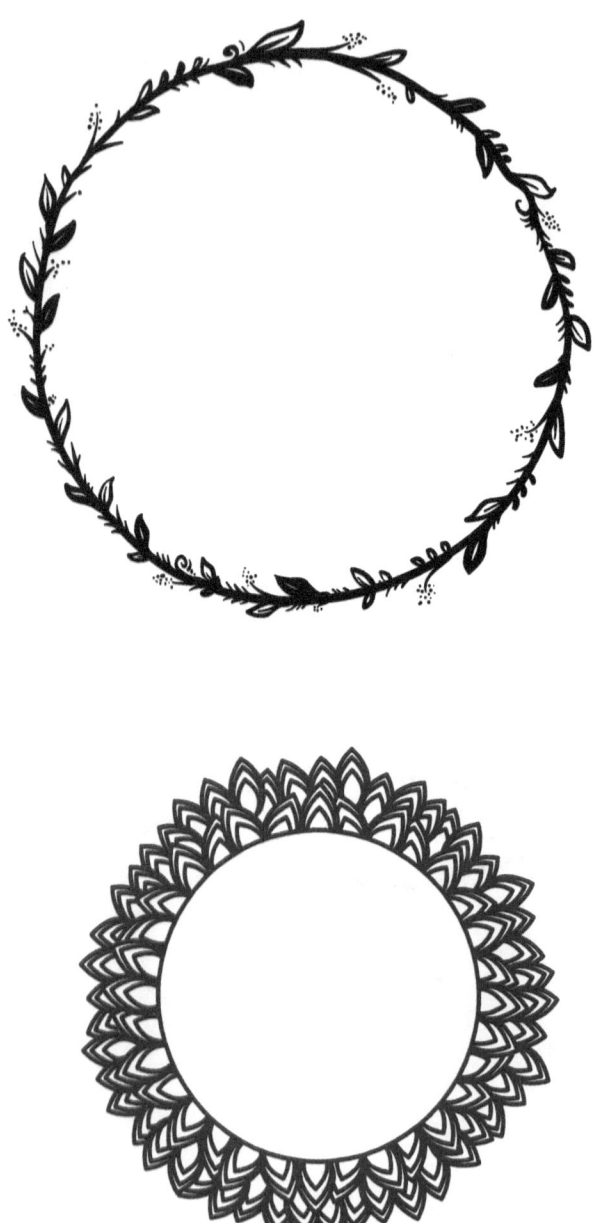

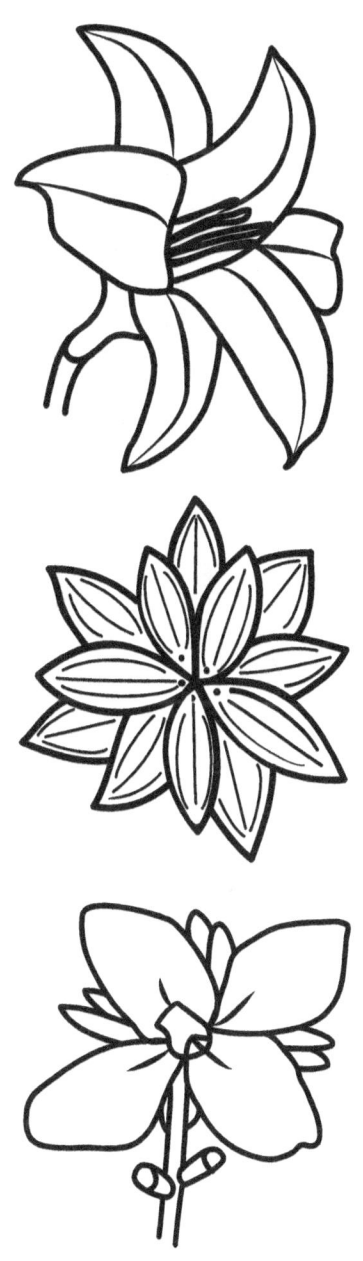

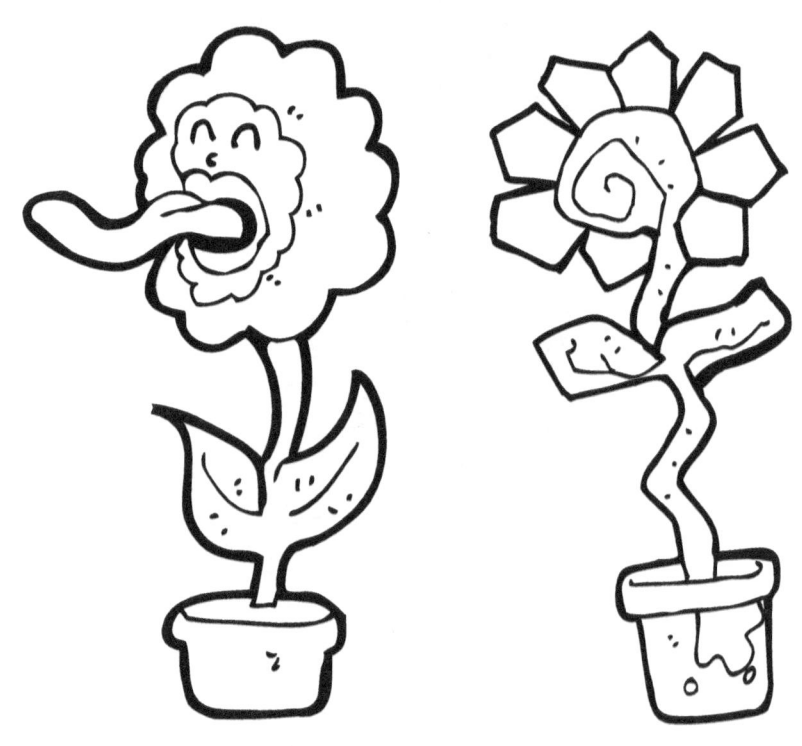

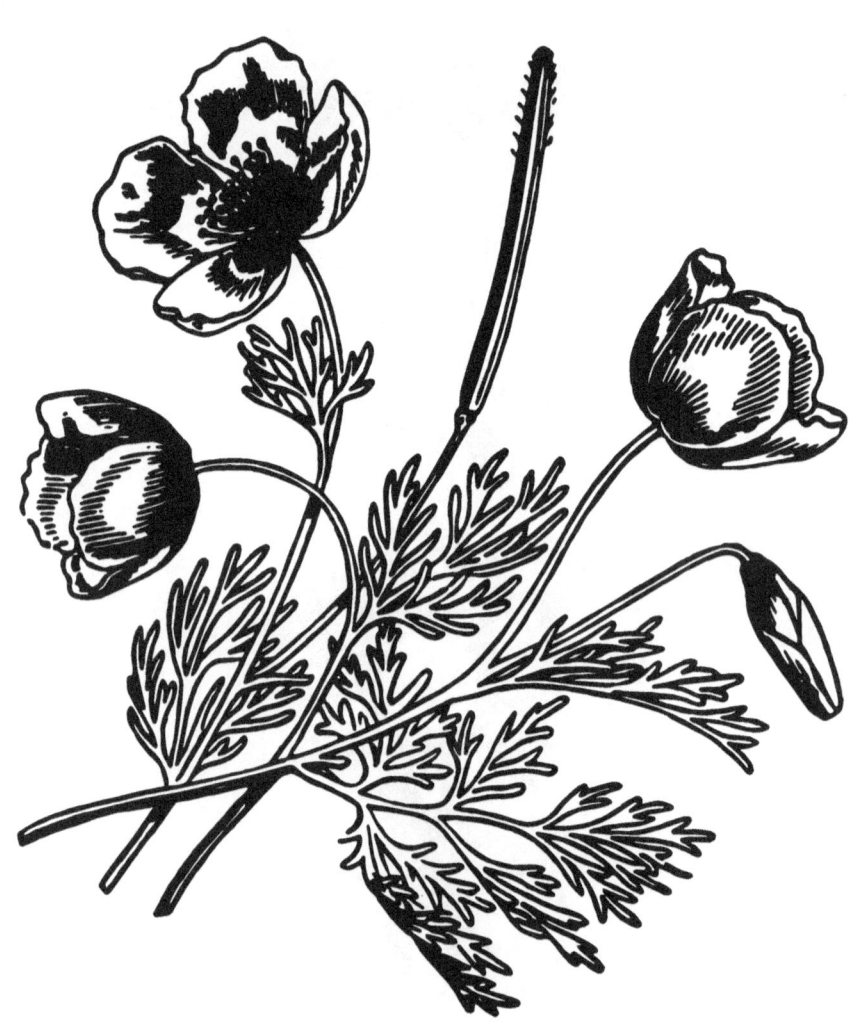

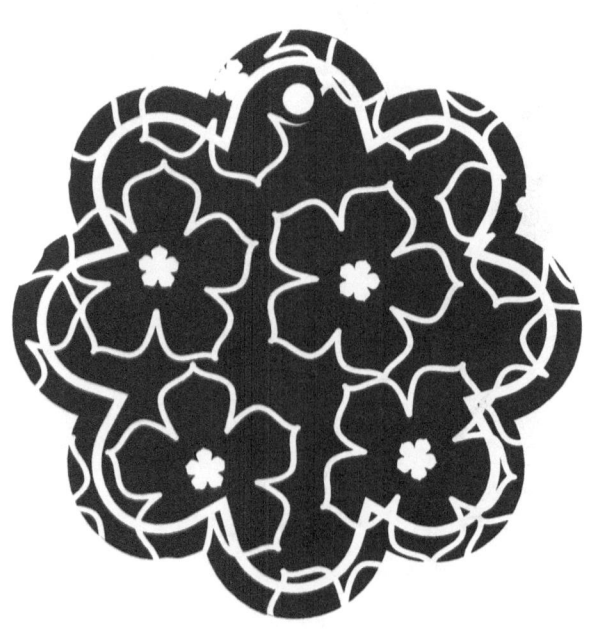

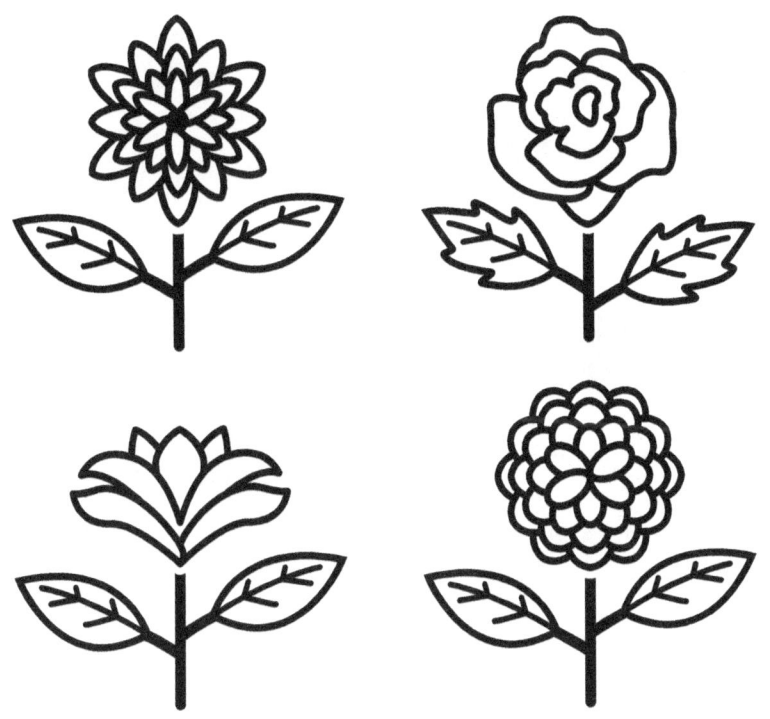

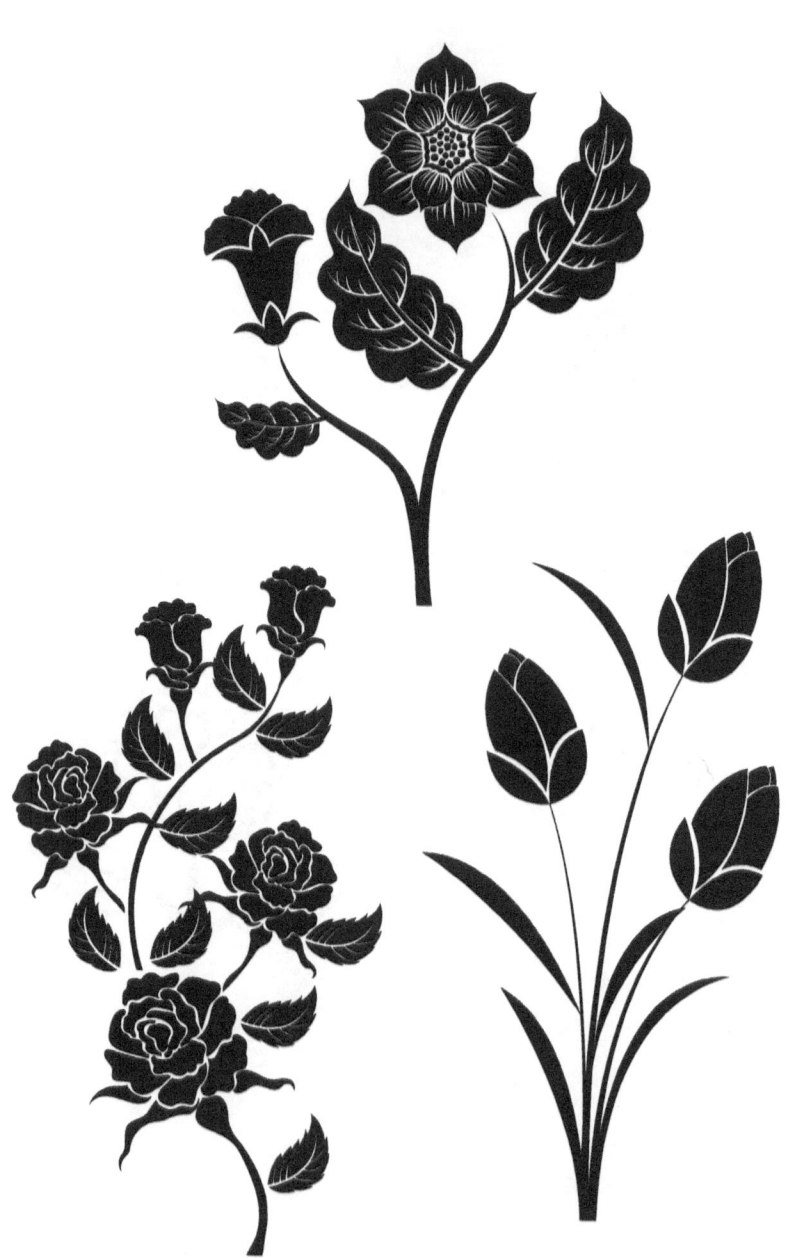

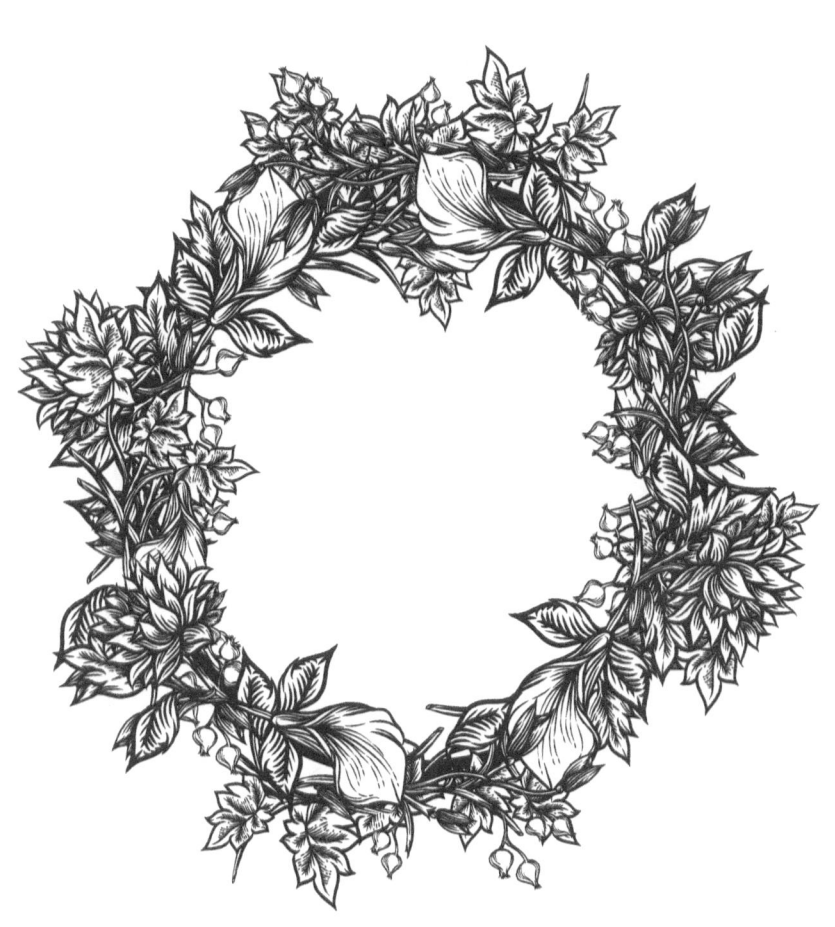

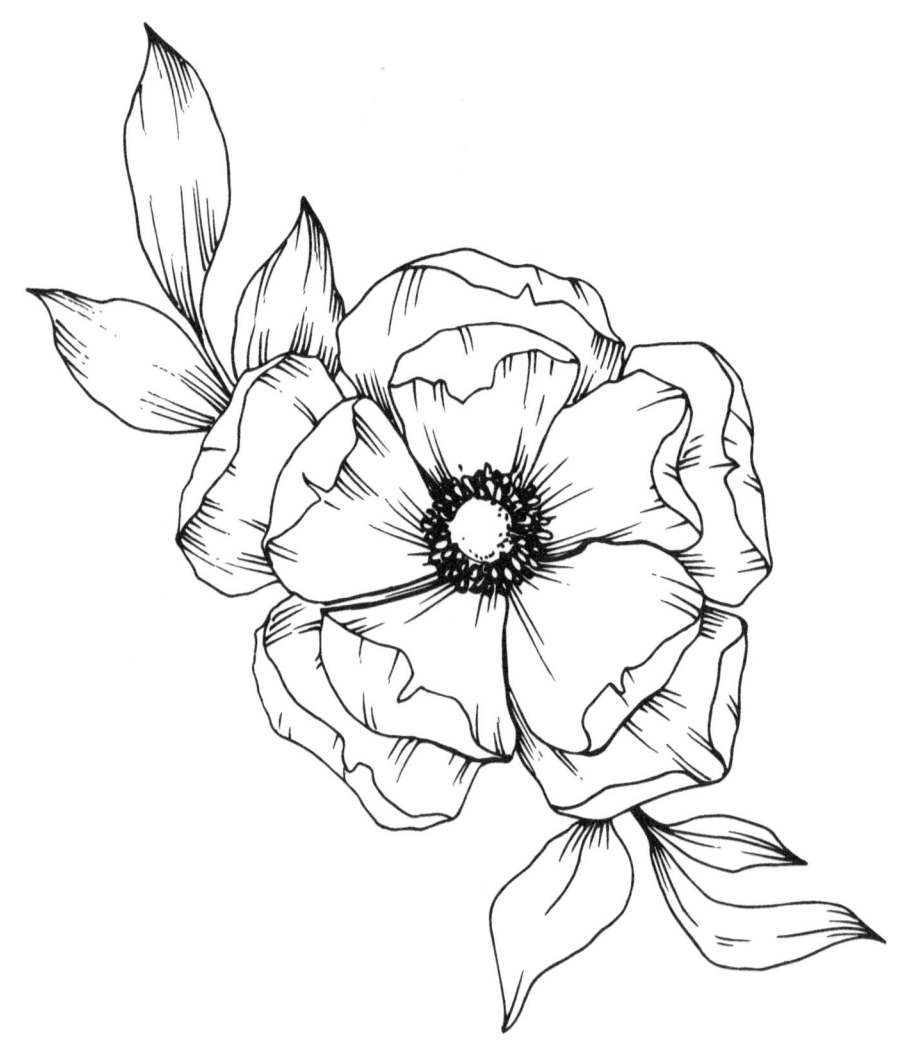

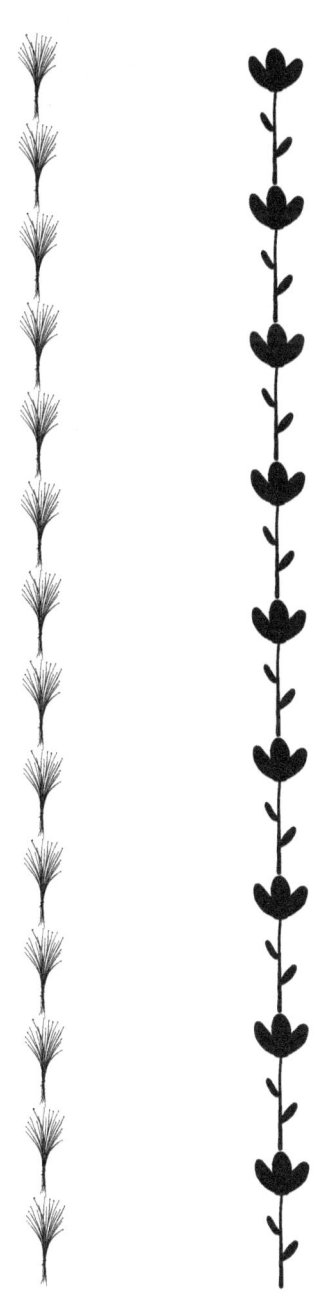

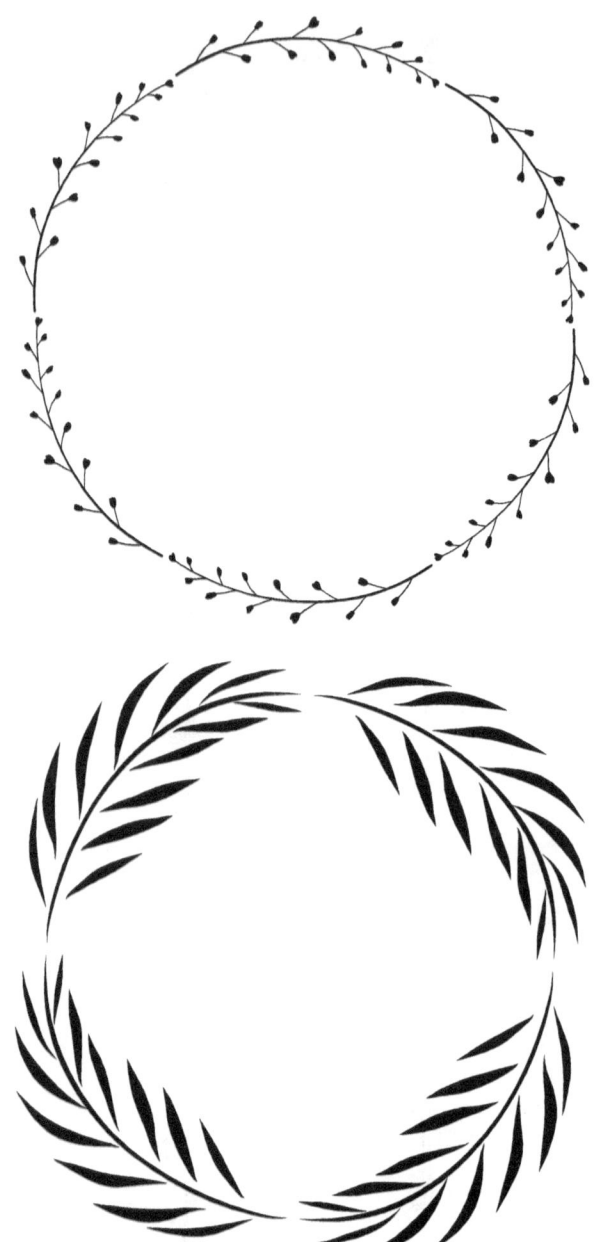

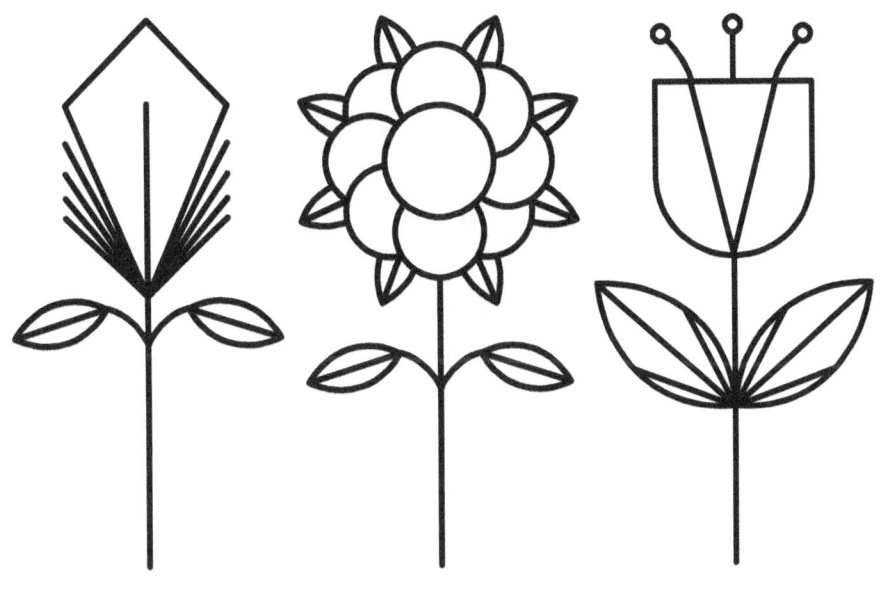

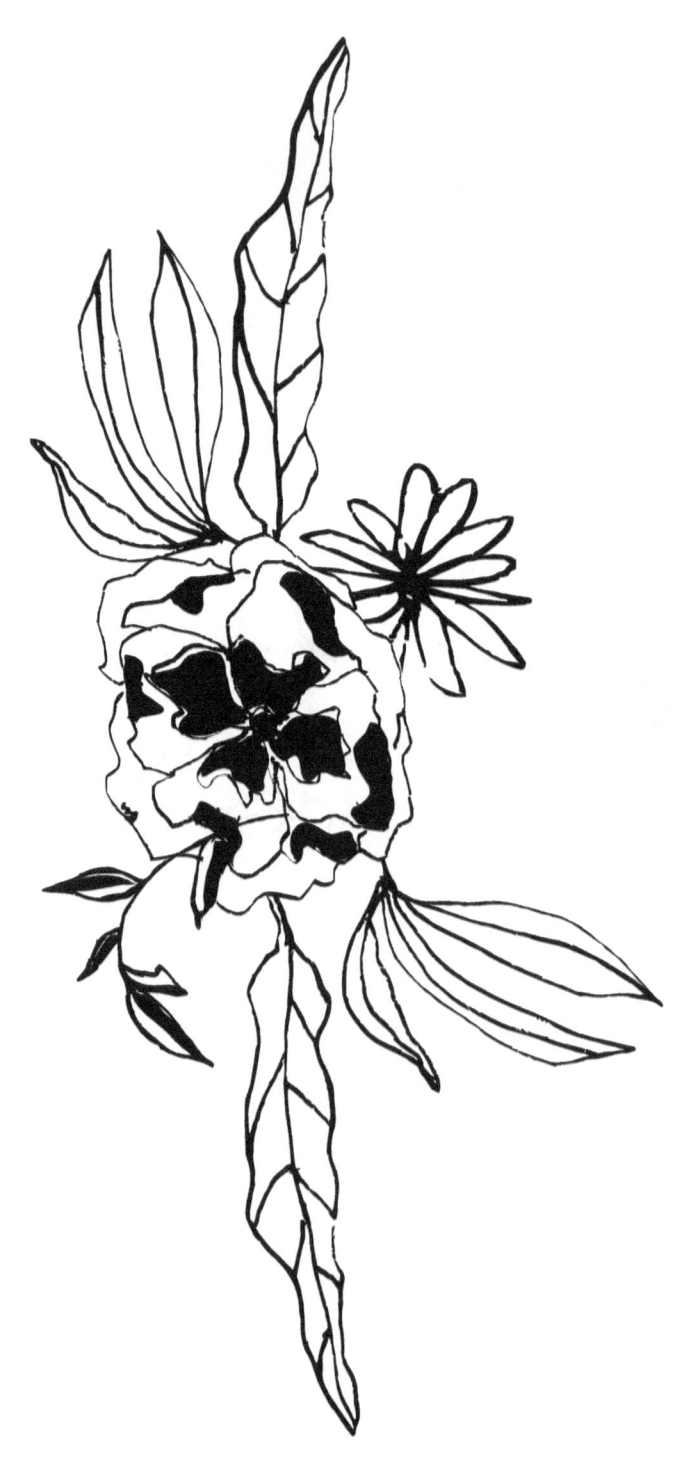

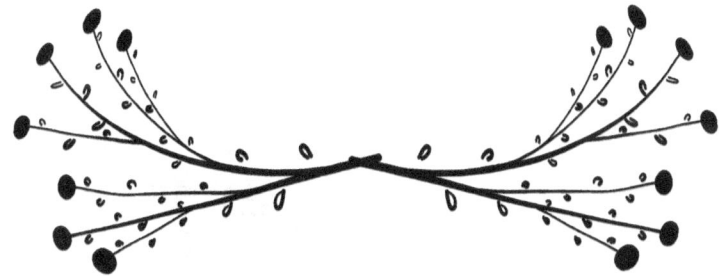

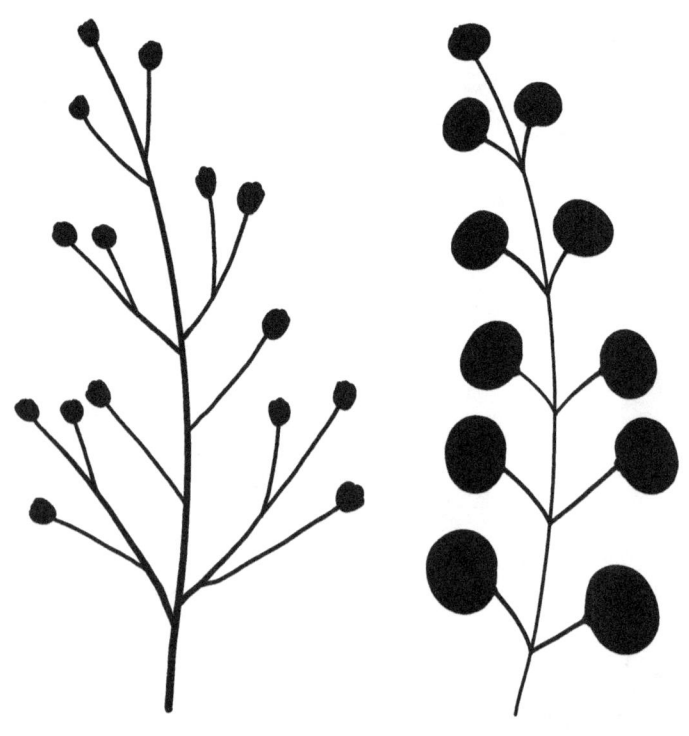

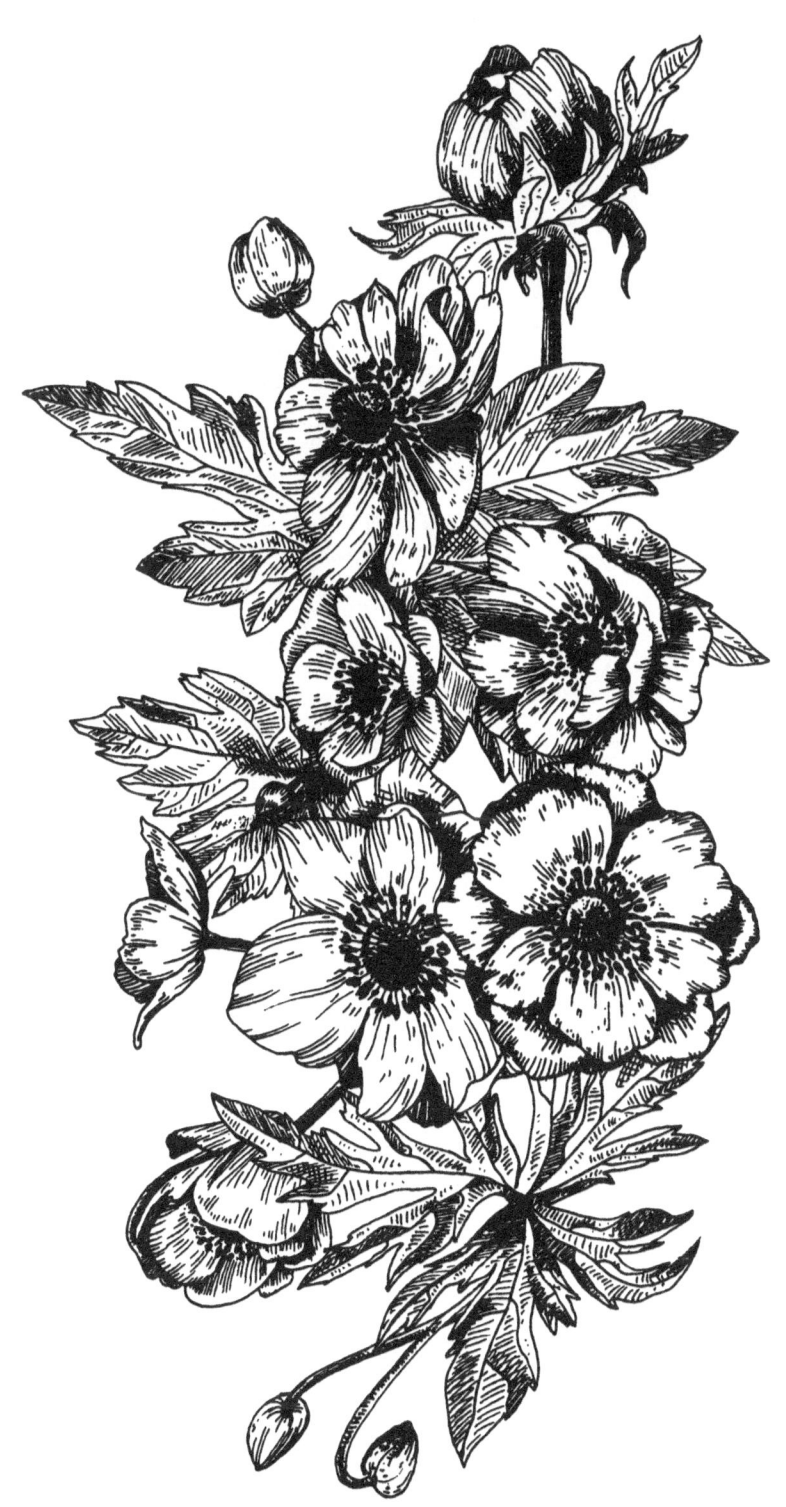

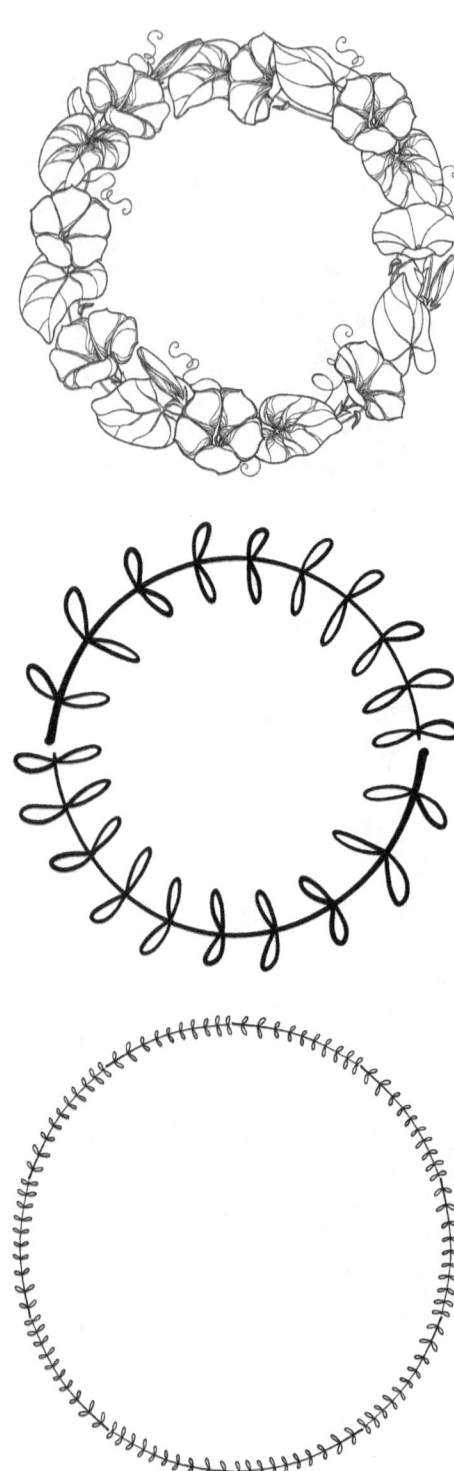

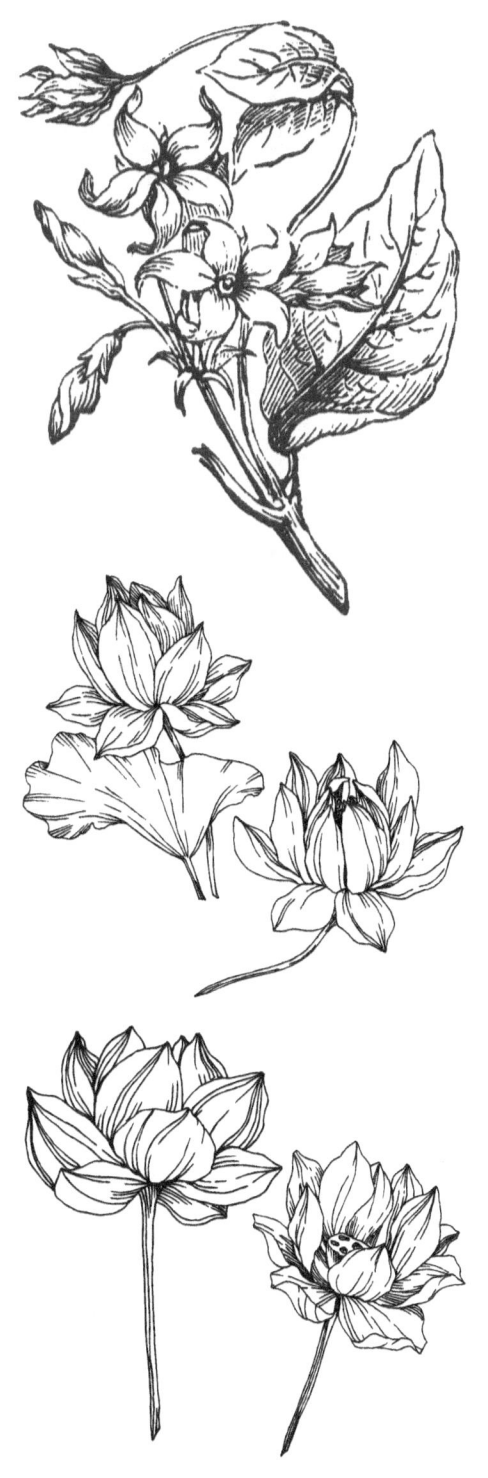

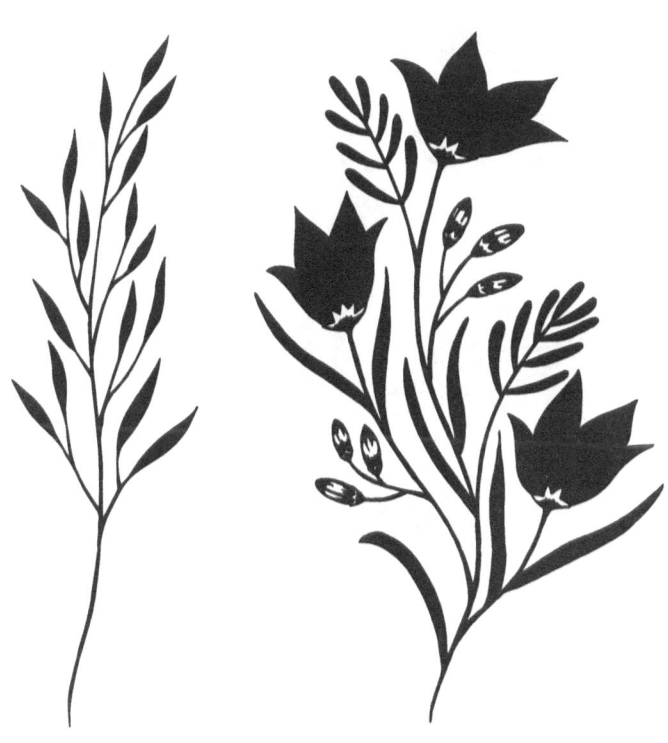

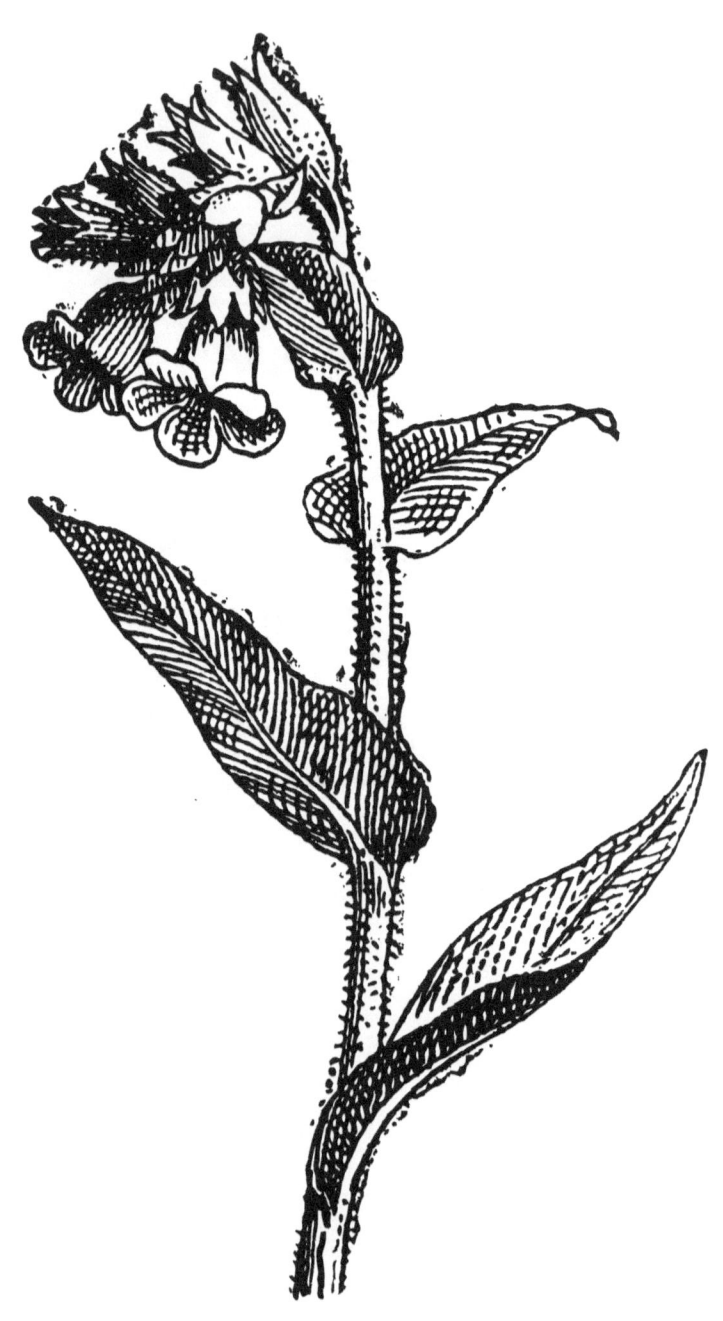

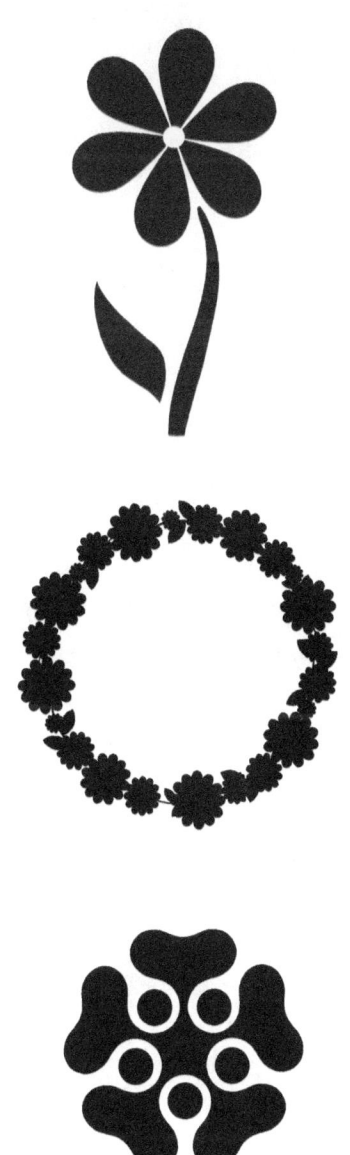

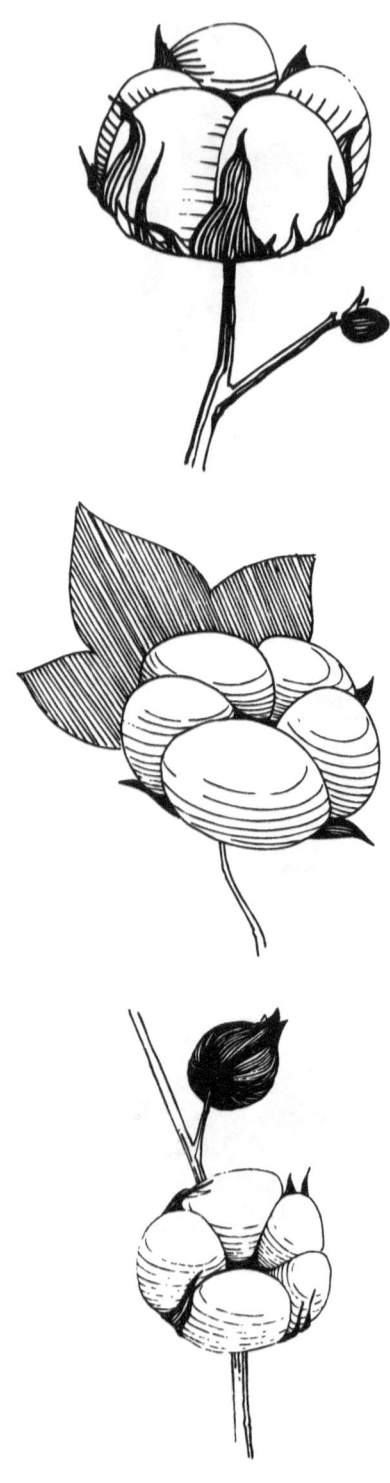

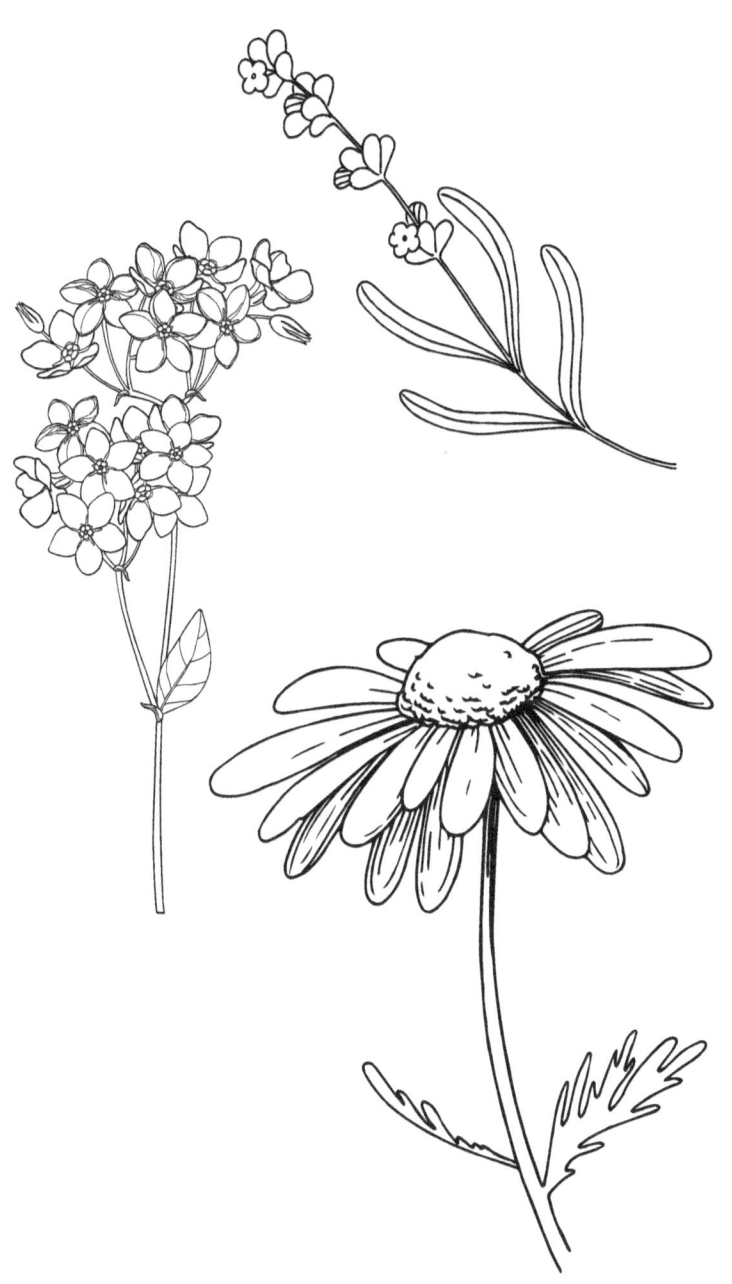

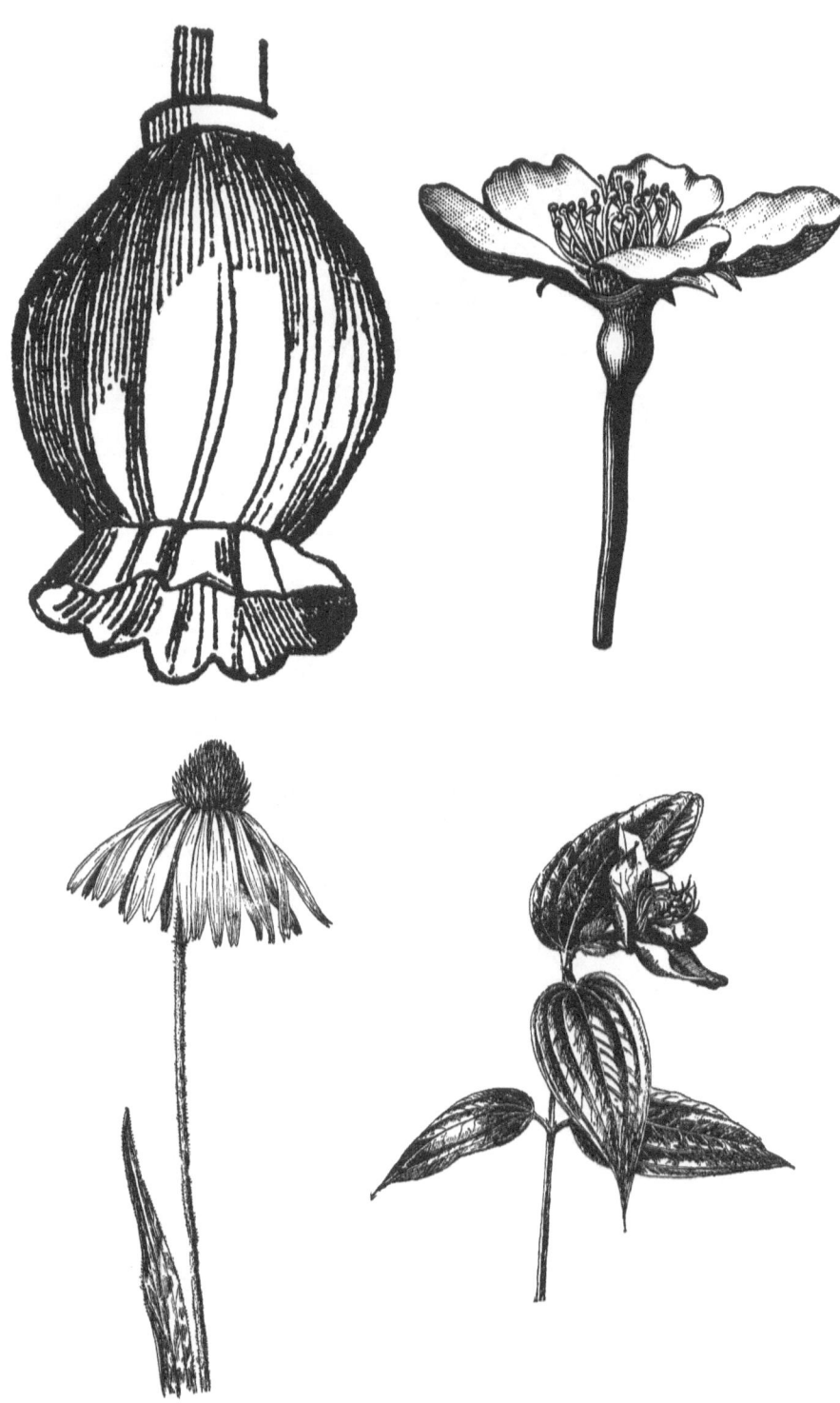

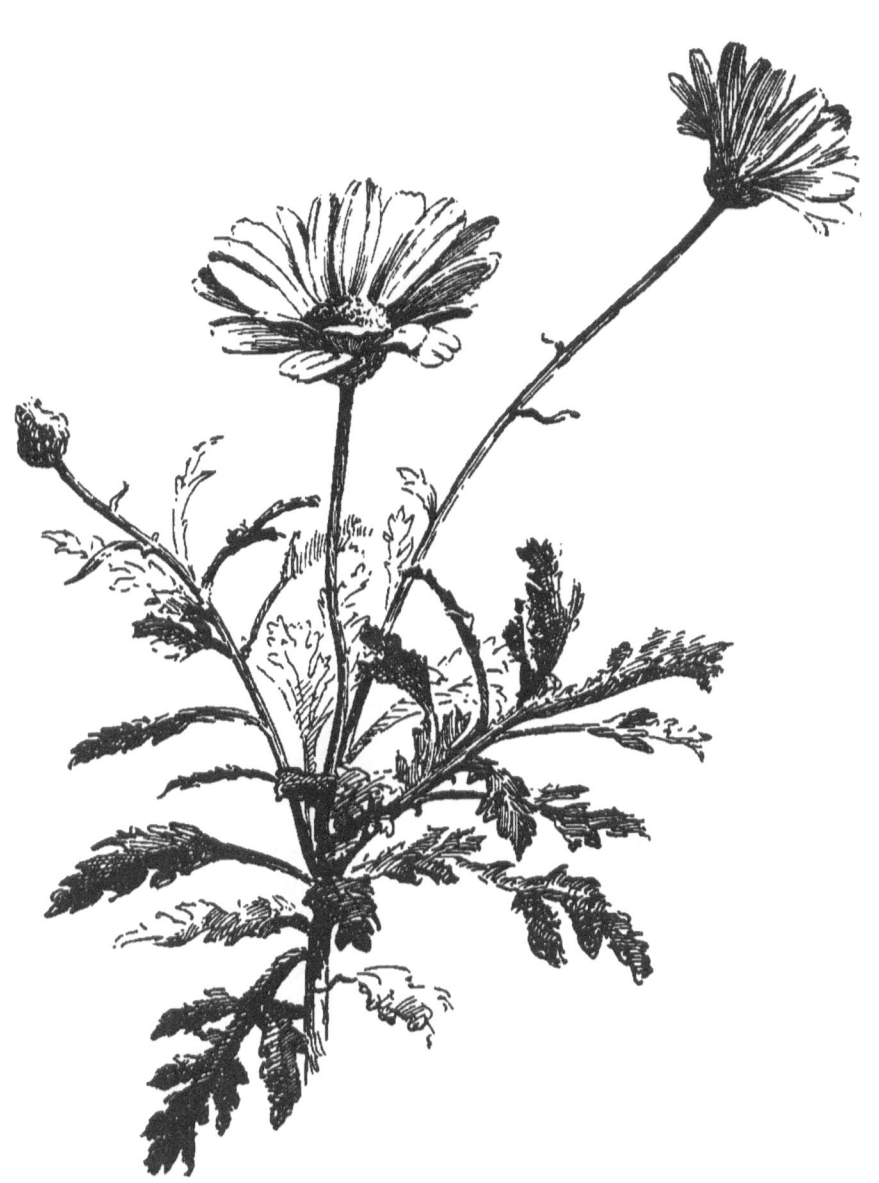

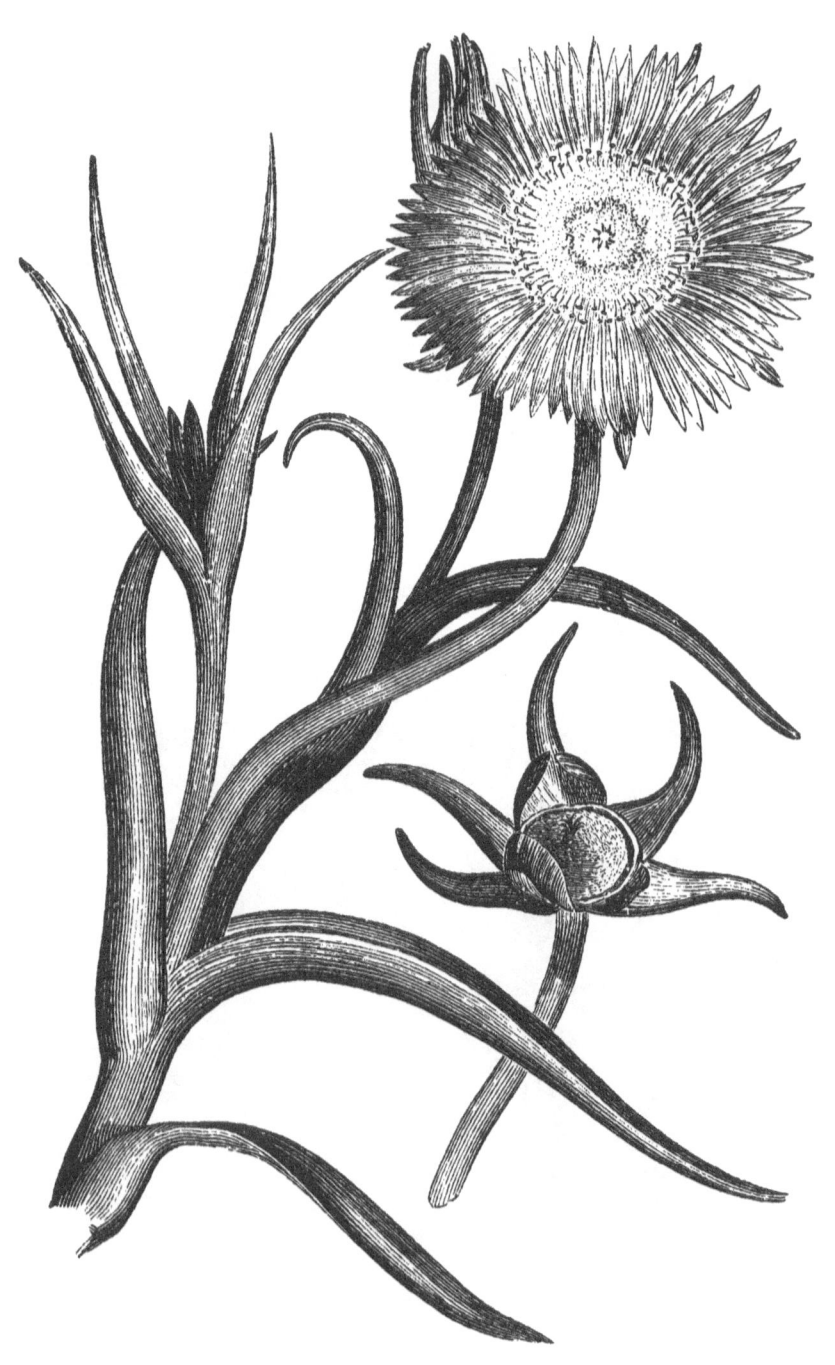

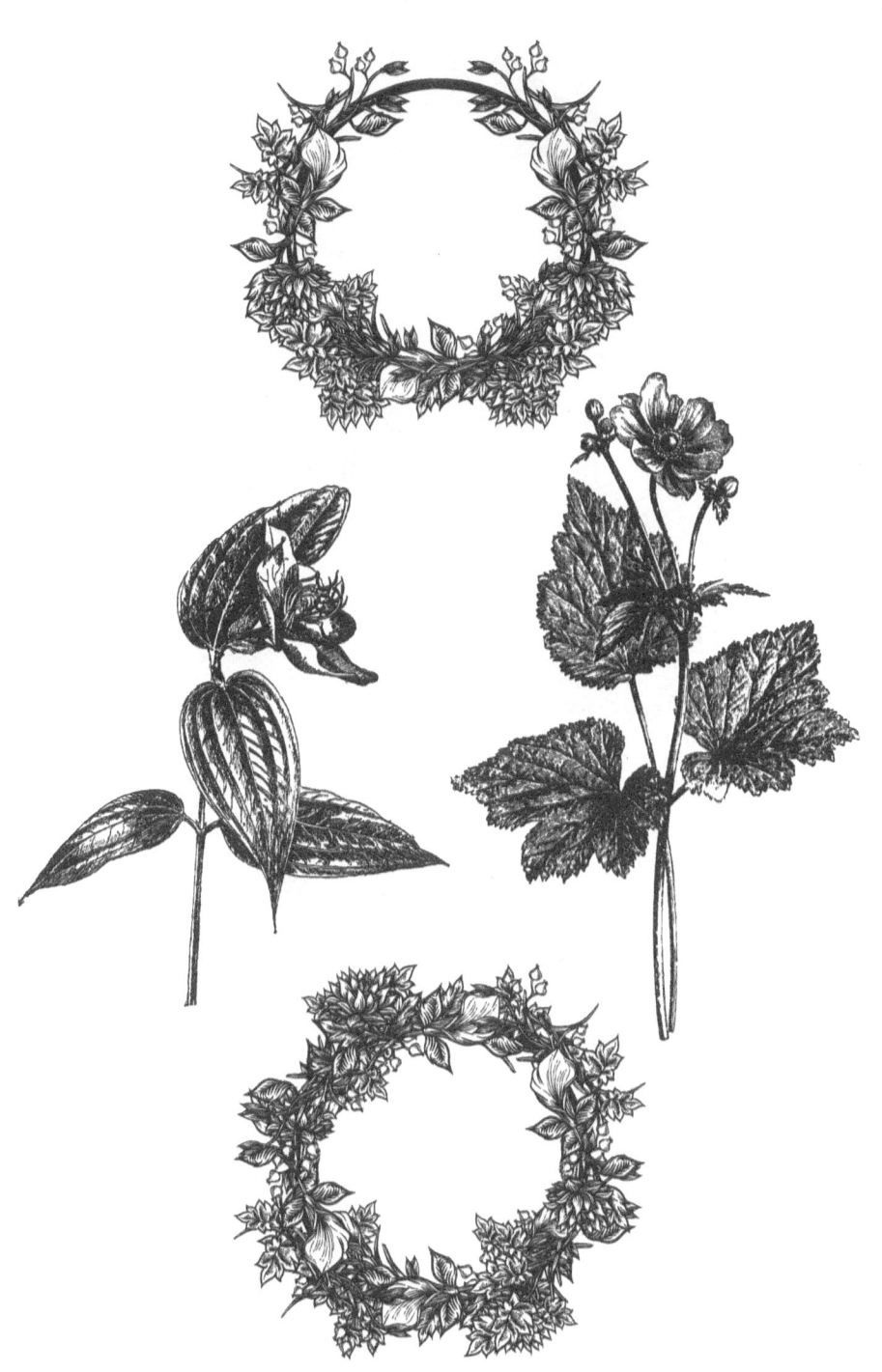

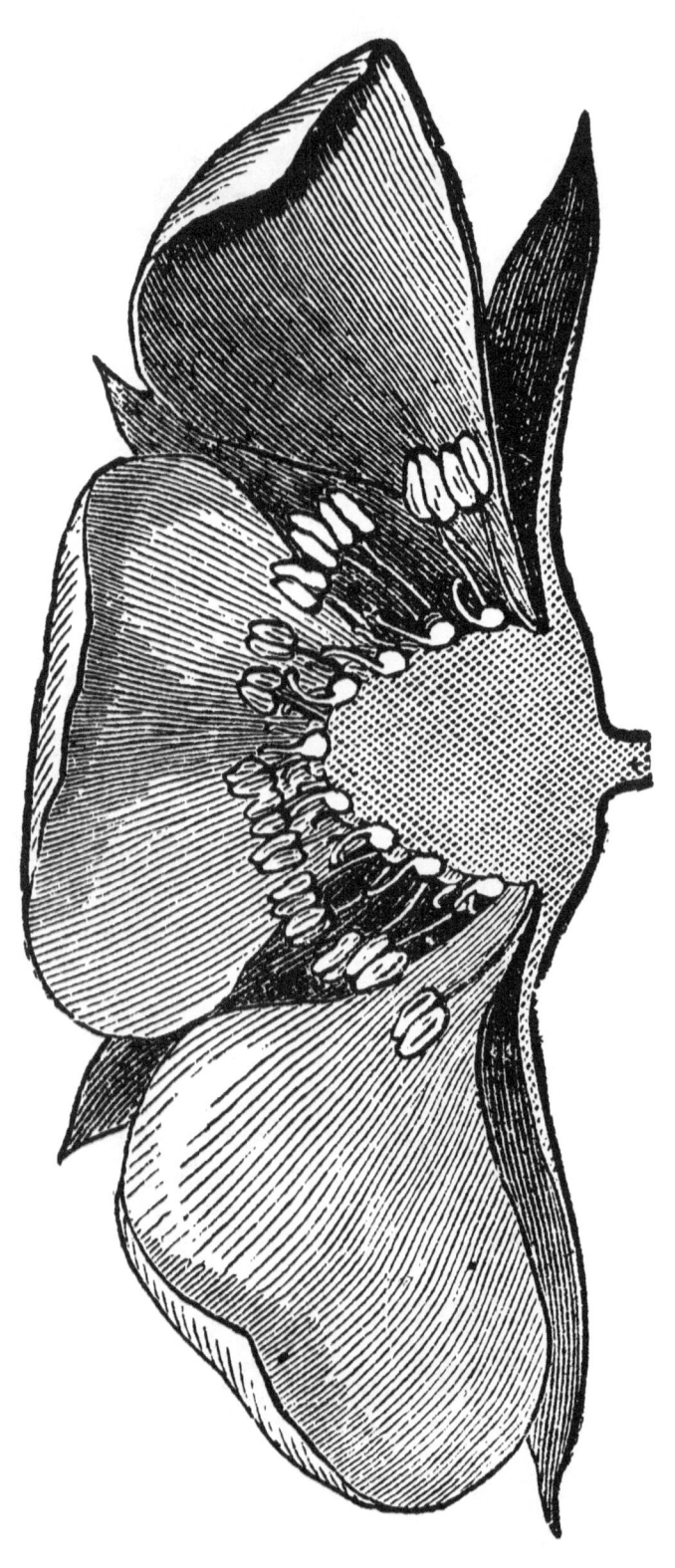

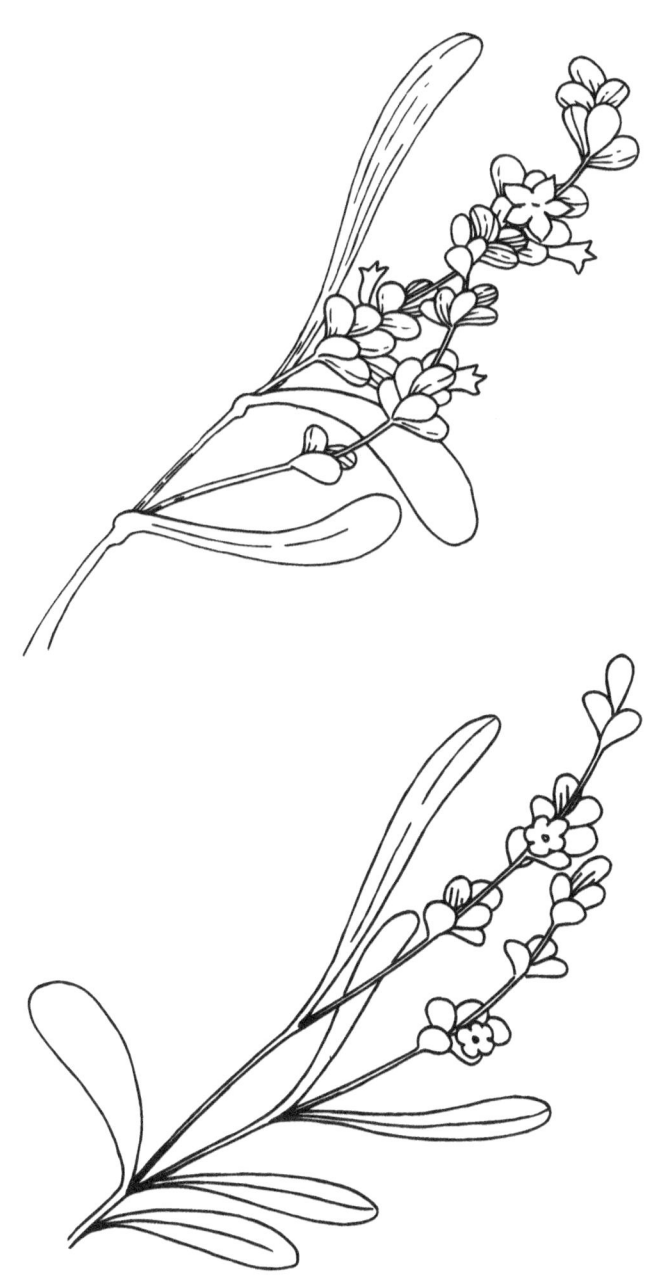

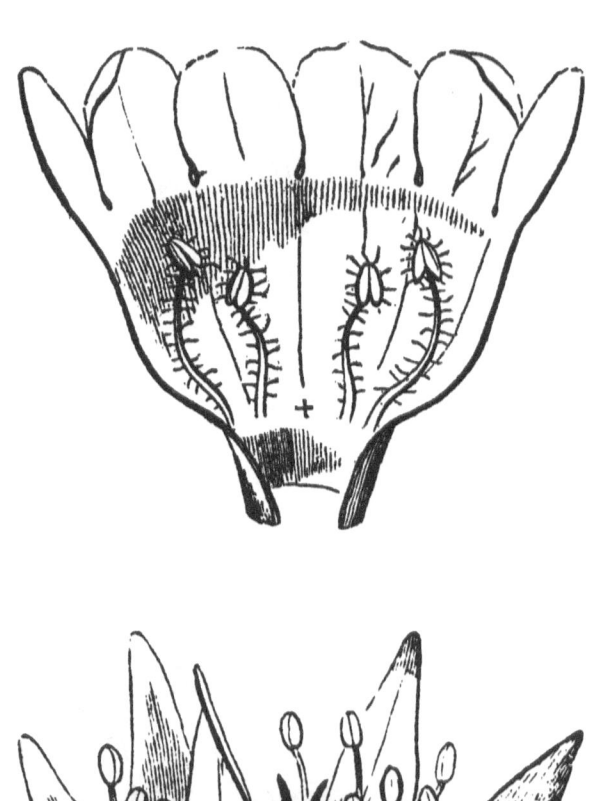

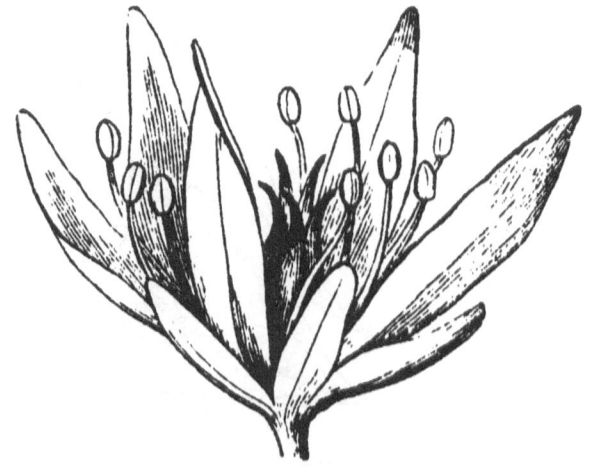

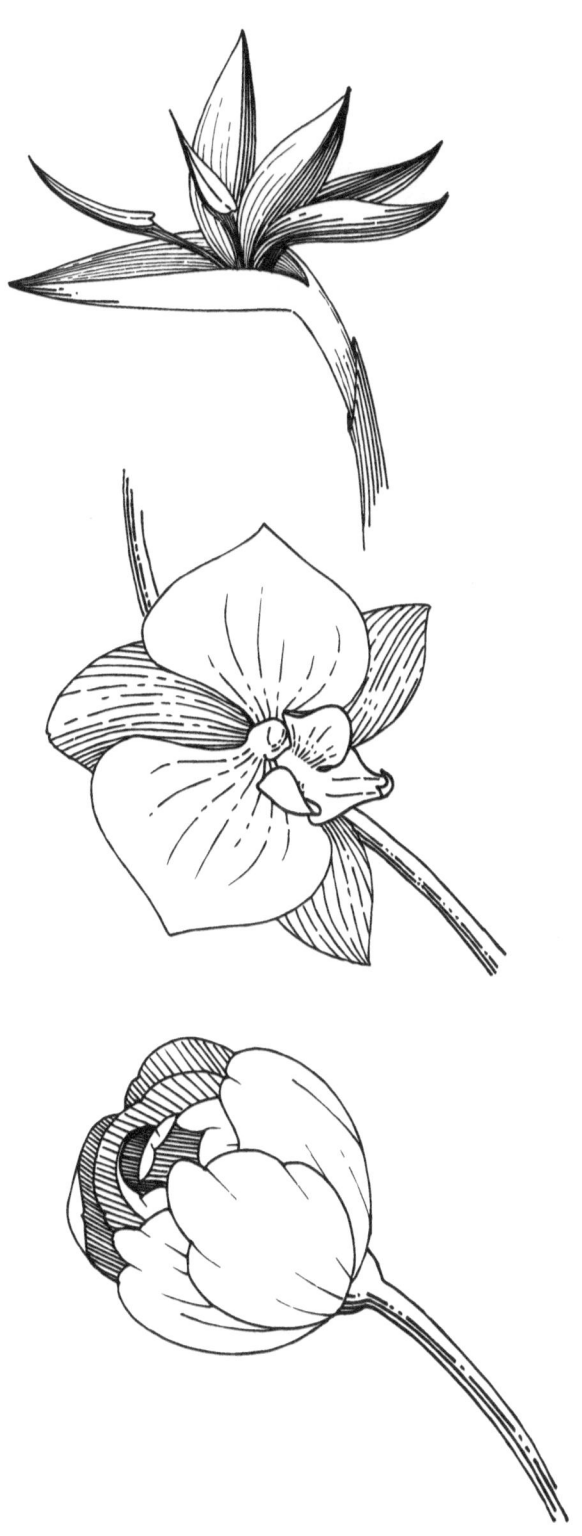

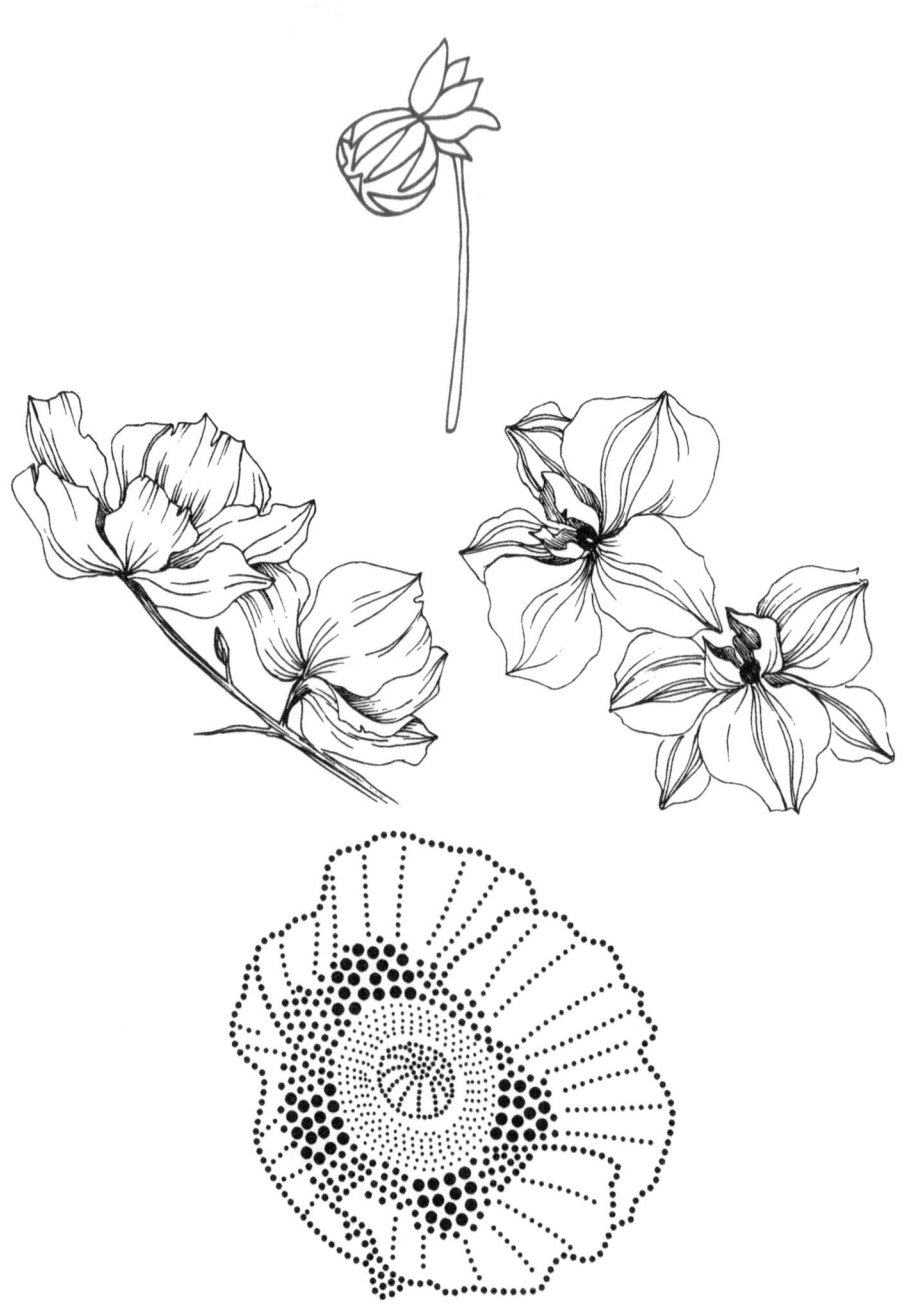

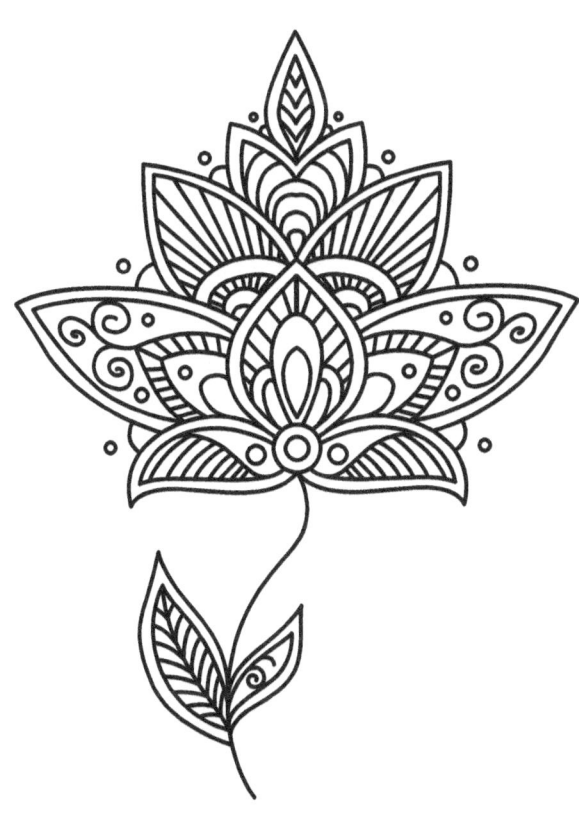

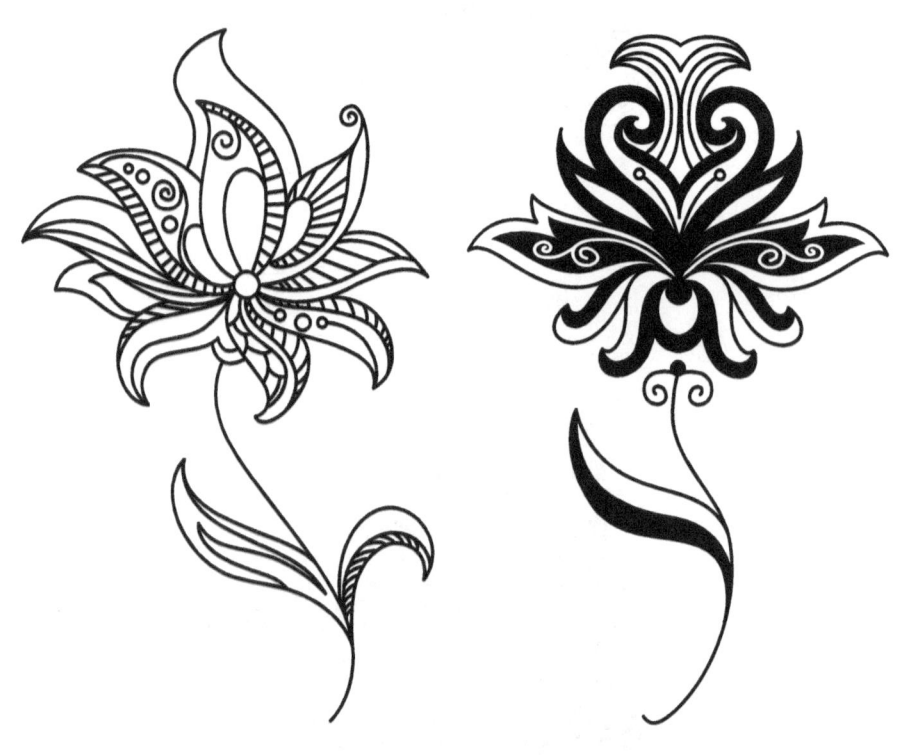

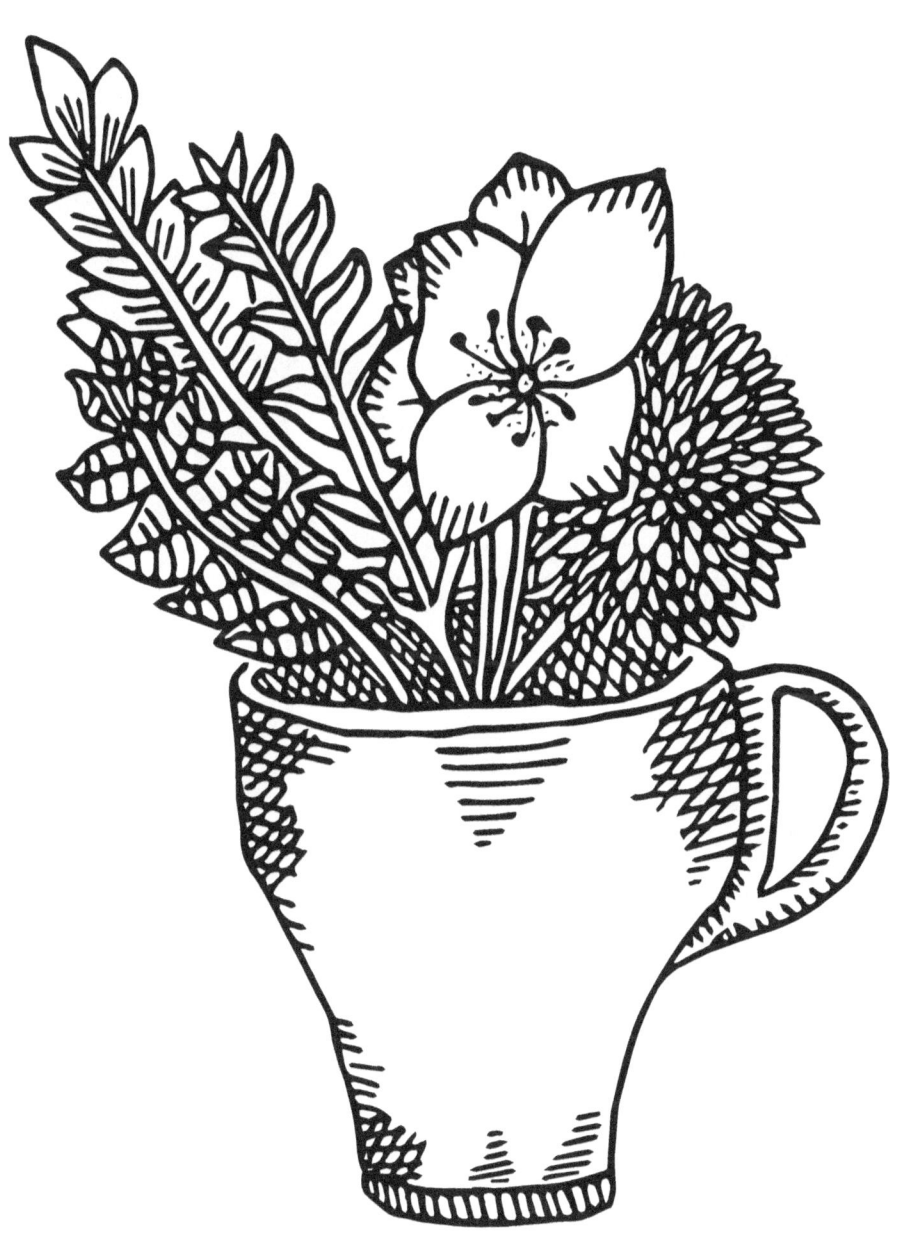

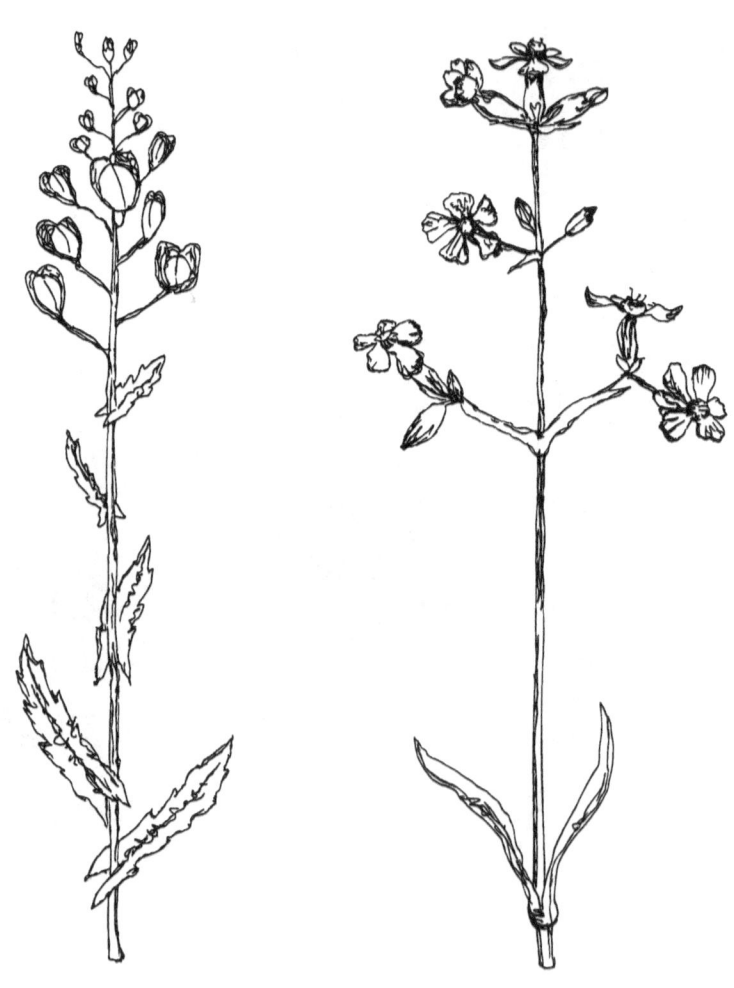

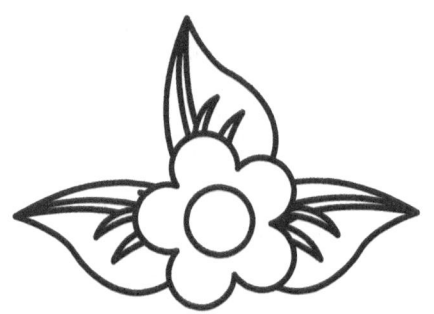

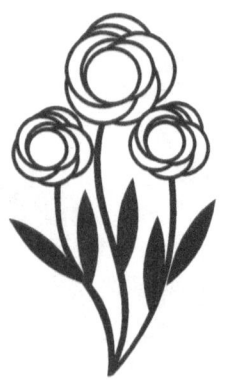

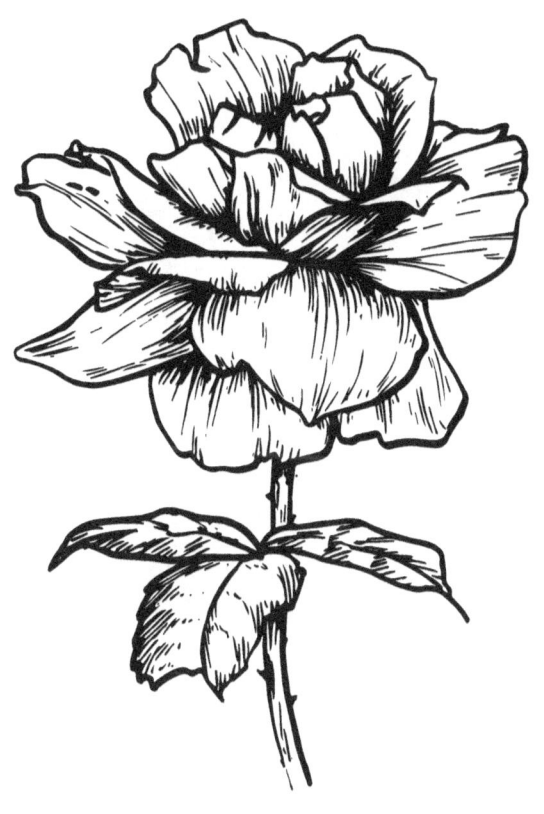

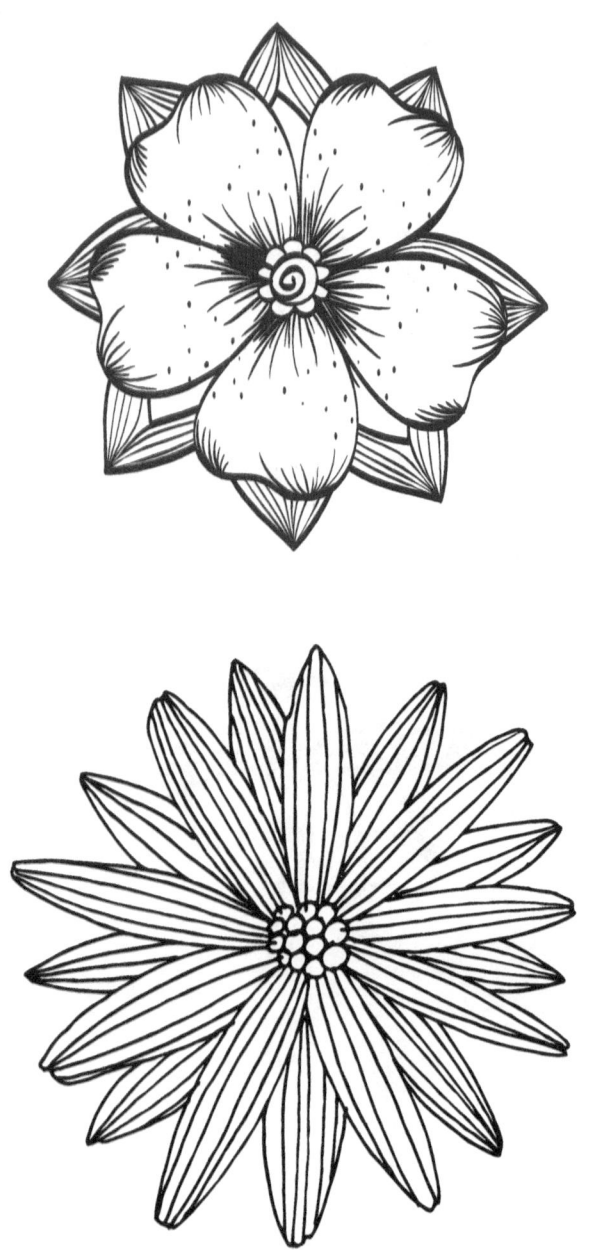

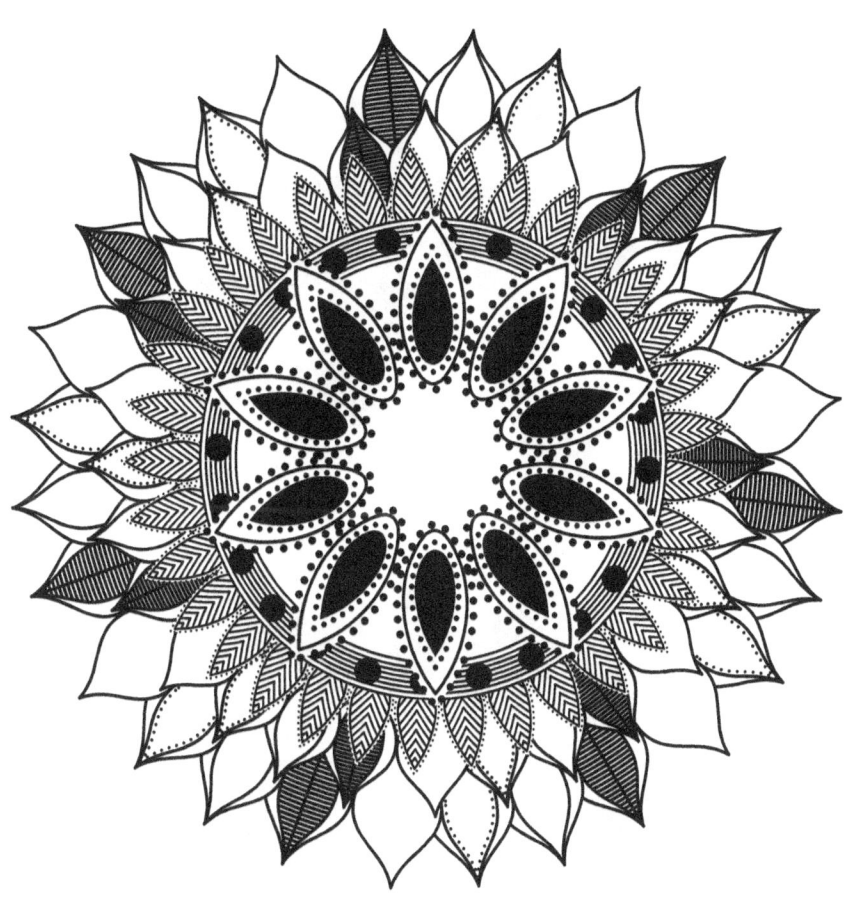

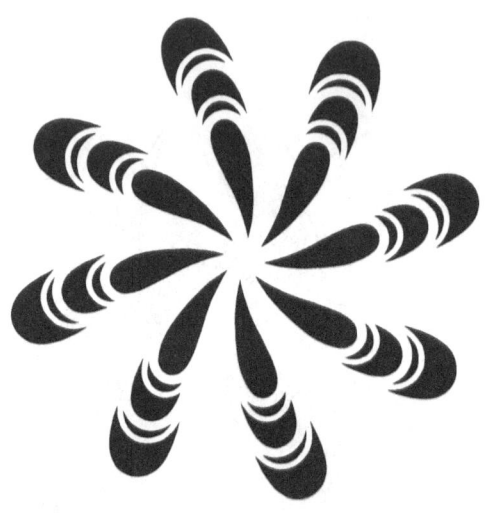

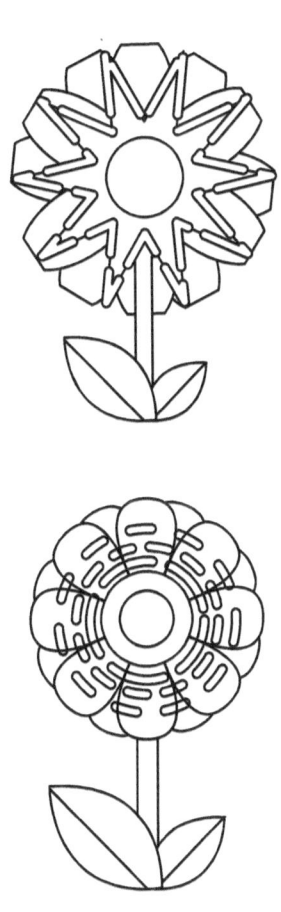

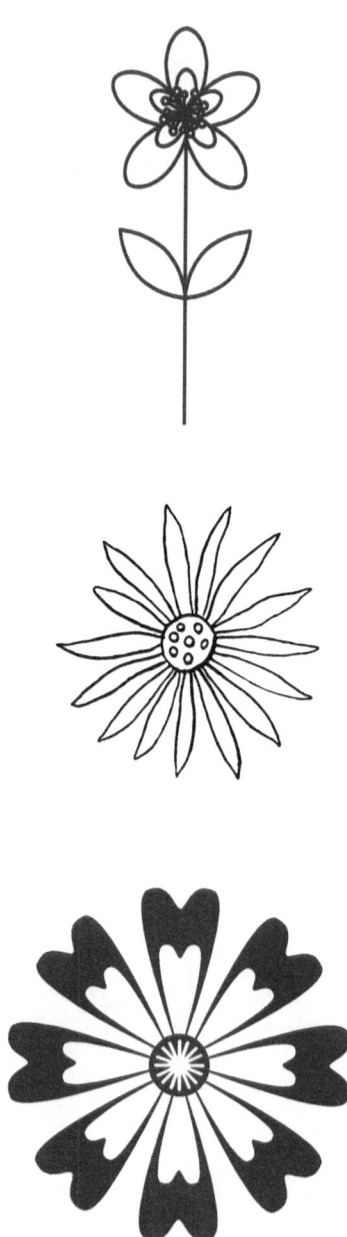

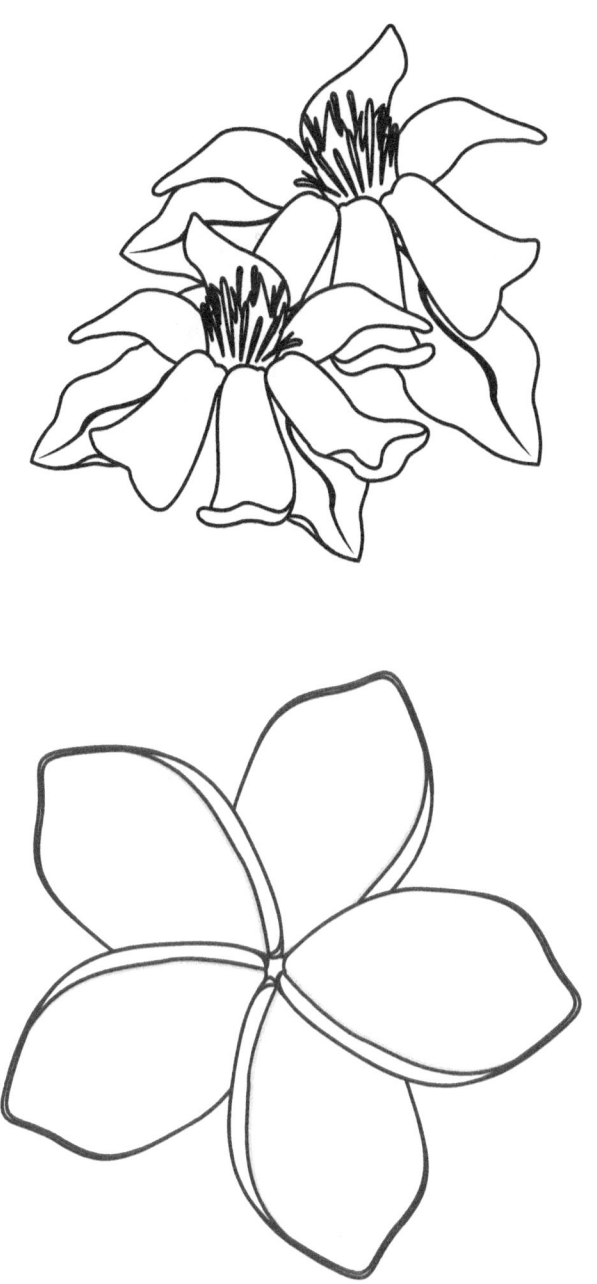

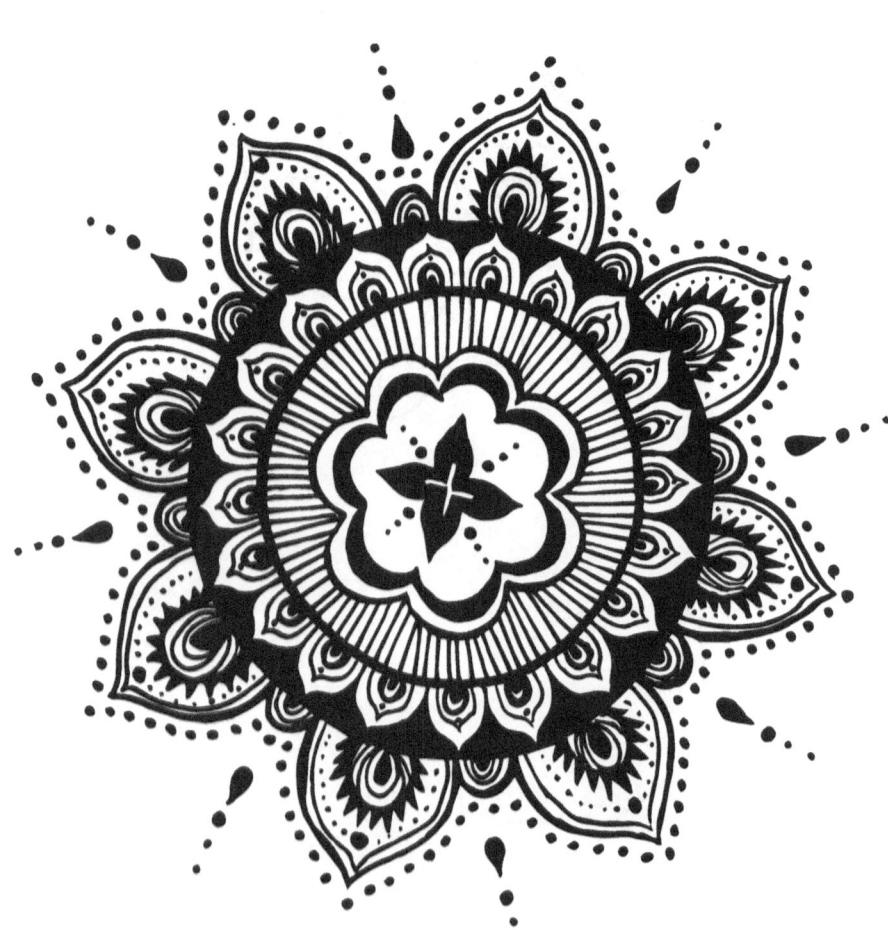

www.ingramcontent.com/pod-product-compliance
Lightning Source LLC
Chambersburg PA
CBHW020554220526
45463CB00006B/2303